FRENCH
VERBS

HarperCollins Publishers
Westerhill Road
Bishopbriggs
Glasgow
G64 2QT
Great Britain

Fourth Edition 2006

11

© William Collins Sons & Co. Ltd
1980
© HarperCollins Publishers 1994,
2001, 2006

ISBN 978-0-00-722418-0

Collins Gem® is a registered
trademark of HarperCollins
Publishers Limited

www.collinslanguage.com

A catalogue record for this book is
available from the British Library

Typeset by Wordcraft, Glasgow

Printed and bound in China by
RR Donnelley APS

INTRODUCTION

Your **Collins Gem French Verb Tables** is an essential reference book for all learners of French. It gives you all the information you need about French verbs and how to use them in a clear, user-friendly layout.

The main part of the book consists of 112 fully conjugated French verbs – regular and irregular – listed alphabetically. Each is self-contained in a double-page spread showing in full all the tenses with pronouns, so you can see at a glance which verb ending to use for which tense and which person. The spread also lists common constructions and idiomatic phrases containing that verb, plus other verbs which are conjugated in a similar way.

In addition, the introduction gives a detailed explanation of each of the three French verb conjugations, along with instructions on how to form the present participle, the past participle and the imperative in each conjugation. Defective verbs and 'regular' spelling irregularities are also listed.

The final section of the book comprises an alphabetical index of over 2,000 widely used verbs, each one cross-referred to its basic model.

CONTENTS

The French Verb	4
'Regular' Spelling Irregularities	8
Glossary	9
Compound Tenses: The Use of Auxiliary Verbs	10
Defective Verbs	13
VERB TABLES	13
Index	238

The French Verb

The majority of verbs are regular and conform to rules; the fact that irregular verbs do not follow any overall pattern means that they have to be learned individually.

The infinitive ending of regular verbs indicates to which conjugation or group they belong:

1st conjugation: ER ending; model: DONNER (36)*
2nd conjugation: IR ending; model: FINIR (45)*
3rd conjugation: RE ending; model VENDRE (107)*
(* = verb model number, not page number)

To conjugate a regular verb, you must add the appropriate verb ending to the appropriate tense stem. The stem for the present, imperfect, past historic and both subjunctive tenses is the infinitive minus its ER, IR or RE ending; the stem for the future and conditional tenses is the whole infinitive in the 1st and 2nd conjugations, and the infinitive minus its final E in the 3rd conjugation.

For each conjugation, the following tables show

(1) the verb endings for each tense
(2) how these are added to the stem.

Pr = present; I = imperfect; F = future; C = conditional; PH = past historic; PrS = present subjunctive; PS = past subjunctive

1st conjugation (1)

Tense	Endings					
Pr	e	es	e	ons	ez	ent
I	ais	ais	ait	ions	iez	aient
F	ai	as	a	ons	ez	ont
C	ais	ais	ait	ions	iez	aient
PH	ai	as	a	âmes	âtes	èrent
PrS	e	es	e	ions	iez	ent
PS	asse	asses	ât	assions	assiez	assent

4

(2)

	STEM	Pr	I	PH	PrS	PS
je	donn	e	ais	ai	e	asse
tu	donn	es	ais	as	es	asses
il	donn	e	ait	a	e	ât
nous	donn	ons	ions	âmes	ions	assions
vous	donn	ez	iez	âtes	iez	assiez
ils	donn	ent	aient	èrent	ent	assent

	STEM	F	C
je	donner	ai	ais
tu	donner	as	ais
il	donner	a	ait
nous	donner	ons	ions
vous	donner	ez	iez
ils	donner	ont	aient

2nd conjugation (1)

Tense	Endings					
Pr	is	is	it	issons	issez	issent
I	issais	issais	issait	issions	issiez	issaient
F	ai	as	a	ons	ez	ont
C	ais	ais	ait	ions	iez	aient
PH	is	is	it	îmes	îtes	irent
PrS	isse	isses	isse	issions	issiez	issent
PS	isse	isses	it	issions	issiez	issent

(2)

	STEM	Pr	I	PH	PrS	PS
je	fin	is	issais	is	isse	isse
tu	fin	is	issais	is	isses	isses
il	fin	it	issait	it	isse	ît
nous	fin	issons	issions	îmes	issions	issions
vous	fin	issez	issiez	îtes	issiez	issiez
ils	fin	issent	issaient	irent	issent	issent

	STEM	F	C
je	finir	ai	ais
tu	finir	as	ais
il	finir	a	ait
nous	finir	ons	ions
vous	finir	ez	iez
ils	finir	ont	aient

3rd conjugation (1)

Tense	Endings					
Pr	s	s	–	ons	ez	ent
I	ais	ais	ait	ions	iez	aient
F	ai	as	a	ons	ez	ont
C	ais	ais	ait	ions	iez	aient
PH	is	is	it	îmes	îtes	irent
PrS	e	es	e	ions	iez	ent
PS	isse	isses	ît	issions	issiez	issent

(2)

	STEM	Pr	I	PH	PrS	PS
je	vend	s	ais	is	e	isse
tu	vend	s	ais	is	es	isses
il	vend	–	ait	it	e	ît
nous	vend	ons	ions	îmes	ions	issions
vous	vend	ez	iez	îtes	iez	issiez
ils	vend	ent	aient	irent	ent	issent

	STEM	F	C
je	vendr	ai	ais
tu	vendr	as	ais
il	vendr	a	ait
nous	vendr	ons	ions
vous	vendr	ez	iez
ils	vendr	ont	aient

The Present Participle

To form the present participle, add the following endings to the infinitive minus its ER, IR or RE ending

1st conjugation **ant**	(donnant)
2nd conjugation **issant**	(finissant)
3rd conjugation **ant**	(vendant)

With the exception of 'en', French uses an infinitive after prepositions where English uses a present participle.

Thus:	sans parler = without speaking
	après être parti = after having left
but:	en faisant = while doing.

The Past Participle

To form the past participle, add the following endings to the infinitive minus its ER, IR or RE ending

1st conjugation **é**	(donné)
2nd conjugation **i**	(fini)
3rd conjugation **u**	(vendu)

For agreement rules in compound tenses, see p. 10.

The Imperative

The imperative is the same as the present tense 'tu', 'nous' and 'vous' forms minus the subject pronouns: finis, allons, commencez.

Exceptions

1) ER verbs and verbs like cueillir, ouvrir etc, which keep the 's' ending of the 'tu' form only if it is immediately followed by y or en: avance; va; vas-y, cueilles-en.

2) avoir and être, whose imperative forms are the same as the present subjunctive (minus the 's' of 'tu' form for avoir).

3) vouloir: veuille, veuillons, veuillez.

4) savoir: sache, sachons, sachez.

Affirmative/negative imperative – pronoun object follows/precedes verb: prends-le/ne le prends pas; asseyez-vous/ne vous asseyez pas.

'Regular' Spelling Irregularities

A number of spelling changes affect 1st conjugation verbs. Such changes and when they occur are shown below. Verb types are divided according to their infinitive ending. We suggest that you use the table in conjunction with the numbered verb models indicated. C = consonant(s)

-eler/-eter (*i: appeler 4/jeter 50; ii: acheter 1*) either i) l → ll/t → tt or ii) e → è	*before e, es, ent;* *throughout future and* *conditional tenses*
e + C + er (*lever 52*) e → è	*as above*
-éger (*protéger 80*) é → è; see **-ger**	*before e, es, ent; as for* **-ger**
-é + C + er (*espérer 41*) é → è	*before e, es, ent*
-oyer/-uyer (*nettoyer 63*) y → i	*before e, es, ent; throughout* *future and conditional tenses*
-ayer (*i: payer 70; ii: as for nettoyer 63*) either i) y retained throughout or ii) y → i	*as above*

-cer (*commencer 15*)
        c → ç
   (to soften c)
	when verb endings starting
	with a or o immediately follow c

-ger (*manger 54*)
        e retained
   (to soften g)
	when verb endings starting
	with a or o immediately follow g

Glossary

You should familiarize yourself with the following descriptions of major verb categories.

Transitive   taking a direct object

Intransitive   used without a direct object
*A verb may be transitive in English yet intransitive in French (and vice versa):
 he disobeyed the rules (transitive)
 il a désobéi aux règles (intransitive)
 he looked at his sister (intransitive)
 il a regardé sa sœur (transitive)

Reflexive   taking a reflexive pronoun (English: myself, ourselves etc; French: me, nous etc) which 'reflects' back to the subject
*1) Not all verbs which are reflexive in French are reflexive in English
                e.g. se coucher = to go to bed
*2) The reflexive pronoun is sometimes optional in English
                e.g. se laver = to wash (oneself)

Reciprocal   taking a reciprocal pronoun which expresses mutual action or relation
                e.g. ils se regardent = they look at each other *or* one another
*Since the plural forms of reciprocal and reflexive verbs are identical, 'ils se regardent' might mean 'they look at themselves'. Always gauge the correct translation from the context.

Auxiliary   used to conjugate verbs in their compound tenses (see p. 10)

Impersonal   used only in the 3rd person singular, to represent a neutral subject
                e.g. il pleut = it's raining

Compound Tenses: The Use of Auxiliary Verbs

In simple tenses, the verb is expressed in one word (e.g. donne, finira, vendions); in compound tenses, the past participle is added to the appropriate tense of the auxiliary verbs avoir and être (e.g. a donné, aura fini, avions vendu). Most verbs are conjugated with avoir, but the être auxiliary is used with reflexive and reciprocal verbs, and when the verb is in the passive voice. (See note on Passive: p. 12)

The following intransitive verbs are also conjugated with être:

aller	revenir	passer*
venir	retourner*	rester
entrer*	rentrer*	devenir
sortir*	monter*	naître
arriver	descendre*	mourir
partir	tomber	

(* = conjugated with avoir when transitive)

Rules of Agreement for Past Participles

(a) The past participle of a verb conjugated with être agrees in number and gender with its subject.

Thus: elle est partie = she left

           elle s'est souvenue[1] = she remembered

([1]typical of verbs which are reflexive in form but whose pronouns have no true reflexive value)

Exceptions: 1) reflexives 2) reciprocals

e.g.   1) elle s'est lavée (transitive)

              elle s'est parlé (intransitive)

          2) ils se sont regardés (transitive)

              ils se sont parlé (intransitive)

(Exceptions explained in (b))

(b) The past participle of a verb conjugated with avoir and of a transitive reflexive or reciprocal verb agrees in number and gender with its direct object, provided the direct object precedes the verb; otherwise, the past participle remains invariable.

Thus: je les ai vendus = I sold them

           elle s'est lavée = she washed

ils se sont regardés = they looked at each other

but: j'ai vendu les sacs = I sold the bags

elle s'est parlé = she talked to herself

(s' = indirect object)

ils se sont parlé = they talked to each other

(se = indirect object)

(NB: elle s'est lavé les mains = she washed her hands – no agreement since direct object (les mains) follows the verb and s' = indirect object)

Some intransitive verbs (e.g. coûter, peser etc) may be accompanied by a complement of price, weight etc. Do not mistake this for a direct object: the past participle remains invariable – 'les 5€ que ça m'a coûté = the 5€ it cost me'; 'les 3 kilos que le colis a pesé = the 3 kilos the parcel weighed'. Also invariable are the past participles of impersonal verbs – 'les accidents qu'il y a eu = the accidents there were'.

For verbal constructions of the type 'I saw her leave', 'she heard them being scolded' (verbs of perception), or 'he took us swimming', which are translated in French by a verb plus infinitive, the rules of agreement are as follows:

1) if the preceding direct object is the subject of the infinitive, the past participle agrees in number and gender with it:

je l'ai vue partir = I saw her leave

il nous a emmenés nager = he took us swimming

2) if the preceding direct object is the object of the infinitive, the past participle remains invariable:

elle les a entendu gronder

= she heard them being scolded.

In constructions such as 'laisser faire' where laisser is used in conjunction with an infinitive, the same rules apply:

1) je les ai laissés tomber = I dropped them

2) elle s'est laissé persuader = she let herself be persuaded.

When faire is used in this way, however, it contradicts the 1st rule: the past participle remains invariable in both cases:

11

1) la femme qu'il a fait venir = the woman he sent for
2) la montre qu'il a fait réparer = the watch he (has) had repaired.

The Passive Voice

A transitive verb is active when its subject performs the action (she disobeyed the rules) and passive when its subject receives the action (she was punished). In French, the passive is formed by adding the past participle to the appropriate tense of être:

'elle était punie = she was punished' (note agreement with subject).

> (*NB*: do not confuse a passive verb with an intransitive verb, which can only be used in the active voice –
> elle était allée = she had gone)

French does not use the passive as extensively as English, preferring either 1) 'on': on m'a dit que ... = I was told that ...

or   2) a reflexive verb with an inanimate subject:
ce mot ne s'emploie plus = this word is no longer used.

Note

In the tables on the following pages these abbreviations are used.

qch	quelque chose
qn	quelqu'un
sb	somebody
sth	something

Defective Verbs

Defective verbs have missing or obsolete parts. The forms shown below are those most likely to occur. Unless otherwise stated, the auxiliary verb (where applicable) is avoir.

1 Present Participle *2* Past Participle *3* Present *4* Imperfect
5 Future *6* Conditional *7* Past Historic *8* Present Subjunctive
9 Past Subjunctive

accroire en faire accroire
apparoir *3* il appert
béer *1* béant *3* il bée *4* il béait
choir (être) *2* chu *3* chois, chois, choit, choient *5* choirai *etc*
  6 choirais *etc* *7* il chaut *9* il chût
déchoir *2* déchu *3* déchois, déchois, déchoit, déchoyons, déchoyez,
  déchoient *5* déchoirai *etc* *6* déchoirais *etc* *7* déchus *etc* *8* déchoie *etc*
  9 déchusse *etc*
échoir (être) *1* échéant *2* échu *3* il échoit *5* il échoira *6* il échoirait *7* il
  échut *8* il échoie *9* il échût
faillir *1* faillant *2* failli *5* faillirai *etc* *6* faillirais *etc* *7* faillis *etc*
  NB: j'ai failli tomber = I nearly fell
gésir *1* gisant *3* gis, gis, gît, gisons, gisez *4* gisais *etc*
messeoir *1* messéant *3* il messied, ils messiéent *6* il messiérait, ils mes-
  siéraient
oindre *1* oignant *2* oint *3* il oint *4* il oignait
ouïr *2* ouï
paître *1* paissant *3* pais, pais, paît, paissons, paissez, paissent *4* pais-
  sais *etc* *5* paîtrai *etc* *6* paîtrais *etc* *8* paisse *etc*
poindre *2* point *3* il point *5* il poindra
repaître like **paître** but also has *2* repu *7* repus *etc* *9* repusse *etc*
seoir (= to become) *1* seyant *3* il sied, ils siéent *4* il seyait, il seyaient *5*
  il siéra, ils siéront *6* il siérait, ils siéraient *8* il siée

13

acheter to buy

PRESENT		IMPERFECT	
j'	achète	j'	achetais
tu	achètes	tu	achetais
il	achète	il	achetait
nous	achetons	nous	achetions
vous	achetez	vous	achetiez
ils	achètent	ils	achetaient

IMPERATIVE	FUTURE	
achète	j'	achèterai
achetons	tu	achèteras
achetez	il	achètera
	nous	achèterons
	vous	achèterez
	ils	achèteront

PRESENT PARTICIPLE	CONDITIONAL	
achetant	j'	achèterais
	tu	achèterais
PAST PARTICIPLE	il	achèterait
acheté	nous	achèterions
	vous	achèteriez
	ils	achèteraient

acheter to buy (1)

PAST HISTORIC	
j'	achetai
tu	achetas
il	acheta
nous	achetâmes
vous	achetâtes
ils	achetèrent

PRESENT SUBJUNCTIVE	
j'	achète
tu	achètes
il	achète
nous	achetions
vous	achetiez
ils	achètent

PERFECT	
j'	ai acheté
tu	as acheté
il	a acheté
nous	avons acheté
vous	avez acheté
ils	ont acheté

PAST SUBJUNCTIVE	
j'	achetasse
tu	achetasses
il	achetât
nous	achetassions
vous	achetassiez
ils	achetassent

········· CONSTRUCTIONS ·········

acheter qch à qn to buy sth from sb; to buy sth for sb
je le lui ai acheté I bought it from him; I bought it for him
je le lui ai acheté 10 euros I bought it from him for 10 euros

········· SIMILAR VERBS ·········

congeler to freeze   déceler to discover   geler to freeze
haleter to pant   peler to peel

2 · *acquérir* to acquire

PRESENT

j'	acquiers
tu	acquiers
il	acquiert
nous	acquérons
vous	acquérez
ils	acquièrent

IMPERFECT

j'	acquérais
tu	acquérais
il	acquérait
nous	acquérions
vous	acquériez
ils	acquéraient

IMPERATIVE

acquiers
acquérons
acquérez

FUTURE

j'	acquerrai
tu	acquerras
il	acquerra
nous	acquerrons
vous	acquerrez
ils	acquerront

PRESENT PARTICIPLE

acquérant

PAST PARTICIPLE

acquis

CONDITIONAL

j'	acquerrais
tu	acquerrais
il	acquerrait
nous	acquerrions
vous	acquerriez
ils	acquerraient

acquérir to acquire

PAST HISTORIC

j'	acquis
tu	acquis
il	acquit
nous	acquîmes
vous	acquîtes
ils	acquirent

PRESENT SUBJUNCTIVE

j'	acquière
tu	acquières
il	acquière
nous	acquérions
vous	acquériez
ils	acquièrent

PERFECT

j'	ai acquis
tu	as acquis
il	a acquis
nous	avons acquis
vous	avez acquis
ils	ont acquis

PAST SUBJUNCTIVE

j'	acquisse
tu	acquisses
il	acquît
nous	acquissions
vous	acquissiez
ils	acquissent

.... CONSTRUCTIONS ....

acquérir de l'expérience to gain experience
acquérir de la valeur to go up in value
les mauvaises habitudes s'acquièrent facilement bad habits
are easily picked up

.... SIMILAR VERBS ....

conquérir to conquer   s'enquérir to inquire   requérir to require

3 · aller to go

PRESENT

je	vais
tu	vas
il	va
nous	allons
vous	allez
ils	vont

IMPERFECT

j'	allais
tu	allais
il	allait
nous	allions
vous	alliez
ils	allaient

IMPERATIVE

va
allons
allez

FUTURE

j'	irai
tu	iras
il	ira
nous	irons
vous	irez
ils	iront

PRESENT PARTICIPLE

allant

PAST PARTICIPLE

allé

CONDITIONAL

j'	irais
tu	irais
il	irait
nous	irions
vous	iriez
ils	iraient

PAST HISTORIC	
j'	allai
tu	allas
il	alla
nous	allâmes
vous	allâtes
ils	allèrent

PRESENT SUBJUNCTIVE	
j'	aille
tu	ailles
il	aille
nous	allions
vous	alliez
ils	aillent

PERFECT	
je	suis allé
tu	es allé
il	est allé
nous	sommes allés
vous	êtes allé(s)
ils	sont allés

PAST SUBJUNCTIVE	
j'	allasse
tu	allasses
il	allât
nous	allassions
vous	allassiez
ils	allassent

·············· CONSTRUCTIONS ··············

aller faire qch to go and do sth
aller à qn to fit sb; to suit sb
comment allez-vous? – je vais bien/mal/mieux how are you? –
I'm well/unwell/better
s'en aller to go (away); to leave
allons-y! let's go!

4 *appeler* to call

PRESENT		IMPERFECT	
j'	appelle	j'	appelais
tu	appelles	tu	appelais
il	appelle	il	appelait
nous	appelons	nous	appelions
vous	appelez	vous	appeliez
ils	appellent	ils	appelaient

IMPERATIVE

appelle
appelons
appelez

FUTURE	
j'	appellerai
tu	appelleras
il	appellera
nous	appellerons
vous	appellerez
ils	appelleront

PRESENT PARTICIPLE

appelant

PAST PARTICIPLE

appelé

CONDITIONAL	
j'	appellerais
tu	appellerais
il	appellerait
nous	appellerions
vous	appelleriez
ils	appelleraient

appeler **to call**

PAST HISTORIC		PRESENT SUBJUNCTIVE
j' appelai		j' appelle
tu appelas		tu appelles
il appela		il appelle
nous appelâmes		nous appelions
vous appelâtes		vous appeliez
ils appelèrent		ils appellent

PERFECT		PAST SUBJUNCTIVE
j' ai appelé		j' appelasse
tu as appelé		tu appelasses
il a appelé		il appelât
nous avons appelé		nous appelassions
vous avez appelé		vous appelassiez
ils ont appelé		ils appelassent

······· CONSTRUCTIONS ·······

comment vous appelez-vous? what's your name?
je m'appelle Suzanne my name is Suzanne
appeler qn à l'aide *or* **au secours** to call to sb for help
en appeler à to appeal to

······· SIMILAR VERBS ·······

amonceler to pile up	épeler to spell	jumeler to twin
rappeler to recall	renouveler to renew	

5 — apprendre **to learn**

PRESENT

j'	apprends
tu	apprends
il	apprend
nous	apprenons
vous	apprenez
ils	apprennent

IMPERFECT

j'	apprenais
tu	apprenais
il	apprenait
nous	apprenions
vous	appreniez
ils	apprenaient

IMPERATIVE

apprends
apprenons
apprenez

FUTURE

j'	apprendrai
tu	apprendras
il	apprendra
nous	apprendrons
vous	apprendrez
ils	apprendront

PRESENT PARTICIPLE

apprenant

PAST PARTICIPLE

appris

CONDITIONAL

j'	apprendrais
tu	apprendrais
il	apprendrait
nous	apprendrions
vous	apprendriez
ils	apprendraient

apprendre to learn (5)

PAST HISTORIC		PRESENT SUBJUNCTIVE	
j'	appris	j'	apprenne
tu	appris	tu	apprennes
il	apprit	il	apprenne
nous	apprîmes	nous	apprenions
vous	apprîtes	vous	appreniez
ils	apprirent	ils	apprennent

PERFECT		PAST SUBJUNCTIVE	
j'	ai appris	j'	apprisse
tu	as appris	tu	apprisses
il	a appris	il	apprît
nous	avons appris	nous	apprissions
vous	avez appris	vous	apprissiez
ils	ont appris	ils	apprissent

.... CONSTRUCTIONS ....

apprendre à faire qch to learn (how) to do sth
apprendre qch à qn to teach sb sth; to tell sb sth
apprendre à qn à faire qch to teach sb (how) to do sth
l'espagnol s'apprend facilement Spanish is easy to learn

6 · arriver to arrive

PRESENT

j'	arrive
tu	arrives
il	arrive
nous	arrivons
vous	arrivez
ils	arrivent

IMPERFECT

j'	arrivais
tu	arrivais
il	arrivait
nous	arrivions
vous	arriviez
ils	arrivaient

IMPERATIVE

arrive
arrivons
arrivez

FUTURE

j'	arriverai
tu	arriveras
il	arrivera
nous	arriverons
vous	arriverez
ils	arriveront

PRESENT PARTICIPLE

arrivant

PAST PARTICIPLE

arrivé

CONDITIONAL

j'	arriverais
tu	arriverais
il	arriverait
nous	arriverions
vous	arriveriez
ils	arriveraient

arriver to arrive

PAST HISTORIC	
j'	arrivai
tu	arrivas
il	arriva
nous	arrivâmes
vous	arrivâtes
ils	arrivèrent

PRESENT SUBJUNCTIVE	
j'	arrive
tu	arrives
il	arrive
nous	arrivions
vous	arriviez
ils	arrivent

PERFECT	
je	suis arrivé
tu	es arrivé
il	est arrivé
nous	sommes arrivés
vous	êtes arrivé(s)
ils	sont arrivés

PAST SUBJUNCTIVE	
j'	arrivasse
tu	arrivasses
il	arrivât
nous	arrivassions
vous	arrivassiez
ils	arrivassent

················ CONSTRUCTIONS ················

arriver à faire qch to succeed in doing sth
ça peut arriver this may happen
il lui est arrivé un accident he's had an accident
la neige lui arrivait (jusqu')aux genoux the snow came up to
his knees

7   *assaillir* **to attack**

PRESENT

j'	assaille
tu	assailles
il	assaille
nous	assaillons
vous	assaillez
ils	assaillent

IMPERFECT

j'	assaillais
tu	assaillais
il	assaillait
nous	assaillions
vous	assailliez
ils	assaillaient

IMPERATIVE

assaille
assaillons
assaillez

FUTURE

j'	assaillirai
tu	assailliras
il	assaillira
nous	assaillirons
vous	assaillirez
ils	assailliront

PRESENT PARTICIPLE

assaillant

PAST PARTICIPLE

assailli

CONDITIONAL

j'	assaillirais
tu	assaillirais
il	assaillirait
nous	assaillirions
vous	assailliriez
ils	assailliraient

assaillir to attack

PAST HISTORIC	
j'	assaillis
tu	assaillis
il	assaillit
nous	assaillîmes
vous	assaillîtes
ils	assaillirent

PRESENT SUBJUNCTIVE	
j'	assaille
tu	assailles
il	assaille
nous	assaillions
vous	assailliez
ils	assaillent

PERFECT	
j'	ai assailli
tu	as assailli
il	a assailli
nous	avons assailli
vous	avez assailli
ils	ont assailli

PAST SUBJUNCTIVE	
j'	assaillisse
tu	assaillisses
il	assaillît
nous	assaillissions
vous	assaillissiez
ils	assaillissent

.... CONSTRUCTIONS ....

on l'a assailli de questions he was bombarded with questions

8 s'asseoir to sit down

PRESENT

je	m'assieds
tu	t'assieds
il	s'assied
nous	nous asseyons
vous	vous asseyez
ils	s'asseyent

IMPERFECT

je	m'asseyais
tu	t'asseyais
il	s'asseyait
nous	nous asseyions
vous	vous asseyiez
ils	s'asseyaient

ALTERNATIVE FORM OF PRESENT

je	m'assois
tu	t'assois
il	s'assoit
nous	nous assoyons
vous	vous assoyez
ils	s'assoient

FUTURE

je	m'assiérai
tu	t'assiéras
il	s'assiéra
nous	nous assiérons
vous	vous assiérez
ils	s'assiéront

IMPERATIVE

assieds-toi
asseyons-nous
asseyez-vous

PRESENT PARTICIPLE

s'asseyant

PAST PARTICIPLE

assis

CONDITIONAL

je	m'assiérais
tu	t'assiérais
il	s'assiérait
nous	nous assiérions
vous	vous assiériez
ils	s'assiéraient

s'asseoir to sit down

PAST HISTORIC		PRESENT SUBJUNCTIVE	
je	m'assis	je	m'asseye
tu	t'assis	tu	t'asseyes
il	s'assit	il	s'asseye
nous	nous assîmes	nous	nous asseyions
vous	vous assîtes	vous	vous asseyiez
ils	s'assirent	ils	s'asseyent

PERFECT		PAST SUBJUNCTIVE	
je	me suis assis	je	m'assisse
tu	t'es assis	tu	t'assisses
il	s'est assis	il	s'assît
nous	nous sommes assis	nous	nous assissions
vous	vous êtes assis	vous	vous assissiez
ils	se sont assis	ils	s'assissent

.... CONSTRUCTIONS ....

veuillez vous asseoir please be seated
il s'est assis sur une chaise/par terre he sat (down) on a
chair/the floor
il est assis sur une chaise/par terre he is sitting on a chair/the
floor

9 attendre to wait

PRESENT
j'	attends
tu	attends
il	attend
nous	attendons
vous	attendez
ils	attendent

IMPERFECT
j'	attendais
tu	attendais
il	attendait
nous	attendions
vous	attendiez
ils	attendaient

IMPERATIVE
attends
attendons
attendez

FUTURE
j'	attendrai
tu	attendras
il	attendra
nous	attendrons
vous	attendrez
ils	attendront

PRESENT PARTICIPLE
attendant

PAST PARTICIPLE
attendu

CONDITIONAL
j'	attendrais
tu	attendrais
il	attendrait
nous	attendrions
vous	attendriez
ils	attendraient

attendre to wait 9

PAST HISTORIC	
j'	attendis
tu	attendis
il	attendit
nous	attendîmes
vous	attendîtes
ils	attendirent

PRESENT SUBJUNCTIVE	
j'	attende
tu	attendes
il	attende
nous	attendions
vous	attendiez
ils	attendent

PERFECT	
j'	ai attendu
tu	as attendu
il	a attendu
nous	avons attendu
vous	avez attendu
ils	ont attendu

PAST SUBJUNCTIVE	
j'	attendisse
tu	attendisses
il	attendît
nous	attendissions
vous	attendissiez
ils	attendissent

······· CONSTRUCTIONS ·······

nous attendons qu'il parte we're waiting for him to leave
j'ai attendu 2 heures I waited (for) 2 hours
attends d'être plus grand wait till you're older
attendre qch de qn/qch to expect sth of sb/sth
s'attendre à qch/à faire to expect sth/to do

10   avoir to have

<table>
<tr><td colspan="2">PRESENT</td><td colspan="2">IMPERFECT</td></tr>
<tr><td>j'</td><td>ai</td><td>j'</td><td>avais</td></tr>
<tr><td>tu</td><td>as</td><td>tu</td><td>avais</td></tr>
<tr><td>il</td><td>a</td><td>il</td><td>avait</td></tr>
<tr><td>nous</td><td>avons</td><td>nous</td><td>avions</td></tr>
<tr><td>vous</td><td>avez</td><td>vous</td><td>aviez</td></tr>
<tr><td>ils</td><td>ont</td><td>ils</td><td>avaient</td></tr>
</table>

<table>
<tr><td colspan="2">IMPERATIVE</td><td colspan="2">FUTURE</td></tr>
<tr><td colspan="2">aie</td><td>j'</td><td>aurai</td></tr>
<tr><td colspan="2">ayons</td><td>tu</td><td>auras</td></tr>
<tr><td colspan="2">ayez</td><td>il</td><td>aura</td></tr>
<tr><td colspan="2"></td><td>nous</td><td>aurons</td></tr>
<tr><td colspan="2"></td><td>vous</td><td>aurez</td></tr>
<tr><td colspan="2"></td><td>ils</td><td>auront</td></tr>
</table>

PRESENT PARTICIPLE

ayant

PAST PARTICIPLE

eu

CONDITIONAL

j'	aurais
tu	aurais
il	aurait
nous	aurions
vous	auriez
ils	auraient

PAST HISTORIC		PRESENT SUBJUNCTIVE	
j'	eus	j'	aie
tu	eus	tu	aies
il	eut	il	ait
nous	eûmes	nous	ayons
vous	eûtes	vous	ayez
ils	eurent	ils	aient

PERFECT		PAST SUBJUNCTIVE	
j'	ai eu	j'	eusse
tu	as eu	tu	eusses
il	a eu	il	eût
nous	avons eu	nous	eussions
vous	avez eu	vous	eussiez
ils	ont eu	ils	eussent

.... CONSTRUCTIONS ....

j'ai des lettres à écrire I've got letters to write
quel âge avez-vous? – j'ai 10 ans how old are you? – I'm
10 (years old)
avoir faim/chaud/tort to be hungry/hot/wrong
il y a there is; there are
il y a 10 ans 10 years ago

11 battre to beat

PRESENT		IMPERFECT	
je	bats	je	battais
tu	bats	tu	battais
il	bat	il	battait
nous	battons	nous	battions
vous	battez	vous	battiez
ils	battent	ils	battaient

IMPERATIVE		FUTURE	
bats		je	battrai
battons		tu	battras
battez		il	battra
		nous	battrons
		vous	battrez
		ils	battront

PRESENT PARTICIPLE

battant

PAST PARTICIPLE

battu

CONDITIONAL	
je	battrais
tu	battrais
il	battrait
nous	battrions
vous	battriez
ils	battraient

battre to beat

<table>
<tr><td colspan="2">PAST HISTORIC</td><td colspan="2">PRESENT SUBJUNCTIVE</td></tr>
<tr><td>je</td><td>battis</td><td>je</td><td>batte</td></tr>
<tr><td>tu</td><td>battis</td><td>tu</td><td>battes</td></tr>
<tr><td>il</td><td>battit</td><td>il</td><td>batte</td></tr>
<tr><td>nous</td><td>battîmes</td><td>nous</td><td>battions</td></tr>
<tr><td>vous</td><td>battîtes</td><td>vous</td><td>battiez</td></tr>
<tr><td>ils</td><td>battirent</td><td>ils</td><td>battent</td></tr>
</table>

<table>
<tr><td colspan="2">PERFECT</td><td colspan="2">PAST SUBJUNCTIVE</td></tr>
<tr><td>j'</td><td>ai battu</td><td>je</td><td>battisse</td></tr>
<tr><td>tu</td><td>as battu</td><td>tu</td><td>battisses</td></tr>
<tr><td>il</td><td>a battu</td><td>il</td><td>battît</td></tr>
<tr><td>nous</td><td>avons battu</td><td>nous</td><td>battissions</td></tr>
<tr><td>vous</td><td>avez battu</td><td>vous</td><td>battissiez</td></tr>
<tr><td>ils</td><td>ont battu</td><td>ils</td><td>battissent</td></tr>
</table>

CONSTRUCTIONS

battre des mains to clap one's hands
l'oiseau battait des ailes the bird was flapping its wings
se battre to fight

SIMILAR VERBS

abattre to pull down   combattre to fight   débattre to discuss
rabattre to pull down

12 *boire* **to drink**

PRESENT

je	bois
tu	bois
il	boit
nous	buvons
vous	buvez
ils	boivent

IMPERFECT

je	buvais
tu	buvais
il	buvait
nous	buvions
vous	buviez
ils	buvaient

IMPERATIVE

bois
buvons
buvez

FUTURE

je	boirai
tu	boiras
il	boira
nous	boirons
vous	boirez
ils	boiront

PRESENT PARTICIPLE

buvant

PAST PARTICIPLE

bu

CONDITIONAL

je	boirais
tu	boirais
il	boirait
nous	boirions
vous	boiriez
ils	boiraient

boire to drink (12)

PAST HISTORIC	
je	bus
tu	bus
il	but
nous	bûmes
vous	bûtes
ils	burent

PRESENT SUBJUNCTIVE	
je	boive
tu	boives
il	boive
nous	buvions
vous	buviez
ils	boivent

PERFECT	
j'	ai bu
tu	as bu
il	a bu
nous	avons bu
vous	avez bu
ils	ont bu

PAST SUBJUNCTIVE	
je	busse
tu	busses
il	bût
nous	bussions
vous	bussiez
ils	bussent

.... CONSTRUCTIONS ....

boire un verre to have a drink

13 bouillir to boil

PRESENT

je	bous
tu	bous
il	bout
nous	bouillons
vous	bouillez
ils	bouillent

IMPERFECT

je	bouillais
tu	bouillais
il	bouillait
nous	bouillions
vous	bouilliez
ils	bouillaient

IMPERATIVE

bous
bouillons
bouillez

FUTURE

je	bouillirai
tu	bouilliras
il	bouillira
nous	bouillirons
vous	bouillirez
ils	bouilliront

PRESENT PARTICIPLE

bouillant

PAST PARTICIPLE

bouilli

CONDITIONAL

je	bouillirais
tu	bouillirais
il	bouillirait
nous	bouillirions
vous	bouilliriez
ils	bouilliraient

bouillir to boil

PAST HISTORIC	
je	bouillis
tu	bouillis
il	bouillit
nous	bouillîmes
vous	bouillîtes
ils	bouillirent

PRESENT SUBJUNCTIVE	
je	bouille
tu	bouilles
il	bouille
nous	bouillions
vous	bouilliez
ils	bouillent

PERFECT	
j'	ai bouilli
tu	as bouilli
il	a bouilli
nous	avons bouilli
vous	avez bouilli
ils	ont bouilli

PAST SUBJUNCTIVE	
je	bouillisse
tu	bouillisses
il	bouillît
nous	bouillissions
vous	bouillissiez
ils	bouillissent

.... CONSTRUCTIONS ....

faire bouillir de l'eau/des pommes de terre to boil water/
potatoes
bouillir de colère/d'impatience to seethe with anger/impatience

clore to shut

PRESENT

je	clos
tu	clos
il	clôt
nous	closons
vous	closez
ils	closent

IMPERFECT

je	closais
tu	closais
il	closait
nous	closions
vous	closiez
ils	closaient

IMPERATIVE

not used

FUTURE

je	clorai
tu	cloras
il	clora
nous	clorons
vous	clorez
ils	cloront

PRESENT PARTICIPLE

closant

PAST PARTICIPLE

clos

CONDITIONAL

je	clorais
tu	clorais
il	clorait
nous	clorions
vous	cloriez
ils	cloraient

clore to shut 14

PAST HISTORIC

not used

PRESENT SUBJUNCTIVE

je	close
tu	closes
il	close
nous	closions
vous	closiez
ils	closent

PERFECT

j'	ai clos
tu	as clos
il	a clos
nous	avons clos
vous	avez clos
ils	ont clos

PAST SUBJUNCTIVE

not used

········· CONSTRUCTIONS ··

le débat s'est clos sur cette remarque the discussion ended
with that remark
clore le bec à qn to shut sb up

15 commencer to begin

PRESENT

je	commence
tu	commences
il	commence
nous	commençons
vous	commencez
ils	commencent

IMPERFECT

je	commençais
tu	commençais
il	commençait
nous	commencions
vous	commenciez
ils	commençaient

IMPERATIVE

commence
commençons
commencez

FUTURE

je	commencerai
tu	commenceras
il	commencera
nous	commencerons
vous	commencerez
ils	commenceront

PRESENT PARTICIPLE

commençant

PAST PARTICIPLE

commencé

CONDITIONAL

je	commencerais
tu	commencerais
il	commencerait
nous	commencerions
vous	commenceriez
ils	commenceraient

commencer to begin

PAST HISTORIC	
je	commençai
tu	commenças
il	commença
nous	commençâmes
vous	commençâtes
ils	commencèrent

PRESENT SUBJUNCTIVE	
je	commence
tu	commences
il	commence
nous	commencions
vous	commenciez
ils	commencent

PERFECT	
j'	ai commencé
tu	as commencé
il	a commencé
nous	avons commencé
vous	avez commencé
ils	ont commencé

PAST SUBJUNCTIVE	
je	commençasse
tu	commençasses
il	commençât
nous	commençassions
vous	commençassiez
ils	commençassent

.... CONSTRUCTIONS ....

commencer à or **de faire** to begin to do
commencer par qch to begin with sth
commencer par faire qch to begin by doing sth
il commence à pleuvoir it's beginning to rain

.... SIMILAR VERBS ....

annoncer to announce   avancer to move forward
déplacer to move   effacer to erase   lancer to throw

comprendre to understand

PRESENT

je	comprends
tu	comprends
il	comprend
nous	comprenons
vous	comprenez
ils	comprennent

IMPERFECT

je	comprenais
tu	comprenais
il	comprenait
nous	comprenions
vous	compreniez
ils	comprenaient

IMPERATIVE

comprends
comprenons
comprenez

FUTURE

je	comprendrai
tu	comprendras
il	comprendra
nous	comprendrons
vous	comprendrez
ils	comprendront

PRESENT PARTICIPLE

comprenant

PAST PARTICIPLE

compris

CONDITIONAL

je	comprendrais
tu	comprendrais
il	comprendrait
nous	comprendrions
vous	comprendriez
ils	comprendraient

comprendre to understand (16)

PAST HISTORIC

je	compris
tu	compris
il	comprit
nous	comprîmes
vous	comprîtes
ils	comprirent

PRESENT SUBJUNCTIVE

je	comprenne
tu	comprennes
il	comprenne
nous	comprenions
vous	compreniez
ils	comprennent

PERFECT

j'	ai compris
tu	as compris
il	a compris
nous	avons compris
vous	avez compris
ils	ont compris

PAST SUBJUNCTIVE

je	comprisse
tu	comprisses
il	comprît
nous	comprissions
vous	comprissiez
ils	comprissent

CONSTRUCTIONS

la maison comprend 10 pièces the house comprises 10 rooms
mal comprendre to misunderstand
service compris service charge included
600 euros y compris l'électricité or **l'électricité y comprise**
600 euros including electricity

17 *conclure* to conclude

<table>
<tr><th colspan="2">PRESENT</th></tr>
<tr><td>je</td><td>conclus</td></tr>
<tr><td>tu</td><td>conclus</td></tr>
<tr><td>il</td><td>conclut</td></tr>
<tr><td>nous</td><td>concluons</td></tr>
<tr><td>vous</td><td>concluez</td></tr>
<tr><td>ils</td><td>concluent</td></tr>
</table>

<table>
<tr><th colspan="2">IMPERFECT</th></tr>
<tr><td>je</td><td>concluais</td></tr>
<tr><td>tu</td><td>concluais</td></tr>
<tr><td>il</td><td>concluait</td></tr>
<tr><td>nous</td><td>concluions</td></tr>
<tr><td>vous</td><td>concluiez</td></tr>
<tr><td>ils</td><td>concluaient</td></tr>
</table>

IMPERATIVE

conclus
concluons
concluez

<table>
<tr><th colspan="2">FUTURE</th></tr>
<tr><td>je</td><td>conclurai</td></tr>
<tr><td>tu</td><td>concluras</td></tr>
<tr><td>il</td><td>conclura</td></tr>
<tr><td>nous</td><td>conclurons</td></tr>
<tr><td>vous</td><td>conclurez</td></tr>
<tr><td>ils</td><td>concluront</td></tr>
</table>

PRESENT PARTICIPLE

concluant

PAST PARTICIPLE

conclu

<table>
<tr><th colspan="2">CONDITIONAL</th></tr>
<tr><td>je</td><td>conclurais</td></tr>
<tr><td>tu</td><td>conclurais</td></tr>
<tr><td>il</td><td>conclurait</td></tr>
<tr><td>nous</td><td>conclurions</td></tr>
<tr><td>vous</td><td>concluriez</td></tr>
<tr><td>ils</td><td>concluraient</td></tr>
</table>

conclure to conclude (17)

PAST HISTORIC	
je	conclus
tu	conclus
il	conclut
nous	conclûmes
vous	conclûtes
ils	conclurent

PRESENT SUBJUNCTIVE	
je	conclue
tu	conclues
il	conclue
nous	concluions
vous	concluiez
ils	concluent

PERFECT	
j'	ai conclu
tu	as conclu
il	a conclu
nous	avons conclu
vous	avez conclu
ils	ont conclu

PAST SUBJUNCTIVE	
je	conclusse
tu	conclusses
il	conclût
nous	conclussions
vous	conclussiez
ils	conclussent

·············· CONSTRUCTIONS ···

marché conclu! it's a deal!
j'en ai conclu qu'il était parti I concluded that he had gone
ils ont conclu à son innocence they concluded that he was innocent

·············· SIMILAR VERBS ···

exclure to exclude

18   conduire **to lead**

<table>
<tr><td>

PRESENT

je	conduis
tu	conduis
il	conduit
nous	conduisons
vous	conduisez
ils	conduisent

</td><td>

IMPERFECT

je	conduisais
tu	conduisais
il	conduisait
nous	conduisions
vous	conduisiez
ils	conduisaient

</td></tr>
<tr><td>

IMPERATIVE

conduis
conduisons
conduisez

</td><td>

FUTURE

je	conduirai
tu	conduiras
il	conduira
nous	conduirons
vous	conduirez
ils	conduiront

</td></tr>
<tr><td>

PRESENT PARTICIPLE

conduisant

PAST PARTICIPLE

conduit

</td><td>

CONDITIONAL

je	conduirais
tu	conduirais
il	conduirait
nous	conduirions
vous	conduiriez
ils	conduiraient

</td></tr>
</table>

conduire to lead

PAST HISTORIC		PRESENT SUBJUNCTIVE	
je	conduisis	je	conduise
tu	conduisis	tu	conduises
il	conduisit	il	conduise
nous	conduisîmes	nous	conduisions
vous	conduisîtes	vous	conduisiez
ils	conduisirent	ils	conduisent

PERFECT		PAST SUBJUNCTIVE	
j'	ai conduit	je	conduisisse
tu	as conduit	tu	conduisisses
il	a conduit	il	conduisît
nous	avons conduit	nous	conduisissions
vous	avez conduit	vous	conduisissiez
ils	ont conduit	ils	conduisissent

.... CONSTRUCTIONS ....

conduire qn quelque part to take sb somewhere; to drive sb somewhere

conduire qn à faire qch to lead sb to do sth

cet escalier conduit au toit these stairs lead (up) to the roof

se conduire to behave (oneself)

.... SIMILAR VERBS ....

éconduire to dismiss

19 connaître to know

PRESENT

je	connais
tu	connais
il	connaît
nous	connaissons
vous	connaissez
ils	connaissent

IMPERFECT

je	connaissais
tu	connaissais
il	connaissait
nous	connaissions
vous	connaissiez
ils	connaissaient

IMPERATIVE

connais
connaissons
connaissez

FUTURE

je	connaîtrai
tu	connaîtras
il	connaîtra
nous	connaîtrons
vous	connaîtrez
ils	connaîtront

PRESENT PARTICIPLE

connaissant

PAST PARTICIPLE

connu

CONDITIONAL

je	connaîtrais
tu	connaîtrais
il	connaîtrait
nous	connaîtrions
vous	connaîtriez
ils	connaîtraient

connaître to know

PAST HISTORIC		PRESENT SUBJUNCTIVE	
je	connus	je	connaisse
tu	connus	tu	connaisses
il	connut	il	connaisse
nous	connûmes	nous	connaissions
vous	connûtes	vous	connaissiez
ils	connurent	ils	connaissent

PERFECT		PAST SUBJUNCTIVE	
j'	ai connu	je	connusse
tu	as connu	tu	connusses
il	a connu	il	connût
nous	avons connu	nous	connussions
vous	avez connu	vous	connussiez
ils	ont connu	ils	connussent

CONSTRUCTIONS

connaître qn de vue/nom to know sb by sight/name
il connaît bien la littérature anglaise he's very familiar with
English literature
faire connaître qn à qn to introduce sb to sb
se faire connaître to make a name for oneself; to introduce
oneself

SIMILAR VERBS

méconnaître to be unaware of   reconnaître to recognize

20 *coudre* **to sew**

PRESENT	
je	couds
tu	couds
il	coud
nous	cousons
vous	cousez
ils	cousent

IMPERFECT	
je	cousais
tu	cousais
il	cousait
nous	cousions
vous	cousiez
ils	cousaient

IMPERATIVE
couds
cousons
cousez

FUTURE	
je	coudrai
tu	coudras
il	coudra
nous	coudrons
vous	coudrez
ils	coudront

PRESENT PARTICIPLE
cousant

PAST PARTICIPLE
cousu

CONDITIONAL	
je	coudrais
tu	coudrais
il	coudrait
nous	coudrions
vous	coudriez
ils	coudraient

coudre **to sew** 20

PAST HISTORIC	
je	cousis
tu	cousis
il	cousit
nous	cousîmes
vous	cousîtes
ils	cousirent

PRESENT SUBJUNCTIVE	
je	couse
tu	couses
il	couse
nous	cousions
vous	cousiez
ils	cousent

PERFECT	
j'	ai cousu
tu	as cousu
il	a cousu
nous	avons cousu
vous	avez cousu
ils	ont cousu

PAST SUBJUNCTIVE	
je	cousisse
tu	cousisses
il	cousît
nous	cousissions
vous	cousissiez
ils	cousissent

.... CONSTRUCTIONS ....

coudre un bouton à une veste to sew a button on a jacket

courir **to run**

PRESENT

je	cours
tu	cours
il	court
nous	courons
vous	courez
ils	courent

IMPERFECT

je	courais
tu	courais
il	courait
nous	courions
vous	couriez
ils	couraient

IMPERATIVE

cours
courons
courez

FUTURE

je	courrai
tu	courras
il	courra
nous	courrons
vous	courrez
ils	courront

PRESENT PARTICIPLE

courant

PAST PARTICIPLE

couru

CONDITIONAL

je	courrais
tu	courrais
il	courrait
nous	courrions
vous	courriez
ils	courraient

courir to run

PAST HISTORIC	
je	courus
tu	courus
il	courut
nous	courûmes
vous	courûtes
ils	coururent

PRESENT SUBJUNCTIVE	
je	coure
tu	coures
il	coure
nous	courions
vous	couriez
ils	courent

PERFECT	
j'	ai couru
tu	as couru
il	a couru
nous	avons couru
vous	avez couru
ils	ont couru

PAST SUBJUNCTIVE	
je	courusse
tu	courusses
il	courût
nous	courussions
vous	courussiez
ils	courussent

.... CONSTRUCTIONS ....

courir faire qch to rush and do sth
courir à toutes jambes to run as fast as one's legs can carry one
le bruit court que ... the rumour is going round that ...
courir le risque de to run the risk of

.... SIMILAR VERBS ....

accourir to rush   concourir to compete

parcourir to go through   secourir to rescue

22 *couvrir* **to cover**

PRESENT

je	couvre
tu	couvres
il	couvre
nous	couvrons
vous	couvrez
ils	couvrent

IMPERFECT

je	couvrais
tu	couvrais
il	couvrait
nous	couvrions
vous	couvriez
ils	couvraient

IMPERATIVE

couvre
couvrons
couvrez

FUTURE

je	couvrirai
tu	couvriras
il	couvrira
nous	couvrirons
vous	couvrirez
ils	couvriront

PRESENT PARTICIPLE

couvrant

PAST PARTICIPLE

couvert

CONDITIONAL

je	couvrirais
tu	couvrirais
il	couvrirait
nous	couvririons
vous	couvririez
ils	couvriraient

PAST HISTORIC	
je	couvris
tu	couvris
il	couvrit
nous	couvrîmes
vous	couvrîtes
ils	couvrirent

PRESENT SUBJUNCTIVE	
je	couvre
tu	couvres
il	couvre
nous	couvrions
vous	couvriez
ils	couvrent

PERFECT	
j'	ai couvert
tu	as couvert
il	a couvert
nous	avons couvert
vous	avez couvert
ils	ont couvert

PAST SUBJUNCTIVE	
je	couvrisse
tu	couvrisses
il	couvrît
nous	couvrissions
vous	couvrissiez
ils	couvrissent

·············· CONSTRUCTIONS ··············

la voiture nous a couverts de boue the car covered us in mud
couvrir qn de cadeaux to shower sb with gifts
elle s'est couvert le visage des mains she covered her face
with her hands
couvrez-vous bien! wrap up well!

·············· SIMILAR VERBS ··············

recouvrir to re-cover

23　*craindre* to fear

PRESENT	
je	crains
tu	crains
il	craint
nous	craignons
vous	craignez
ils	craignent

IMPERFECT	
je	craignais
tu	craignais
il	craignait
nous	craignions
vous	craigniez
ils	craignaient

IMPERATIVE
crains
craignons
craignez

FUTURE	
je	craindrai
tu	craindras
il	craindra
nous	craindrons
vous	craindrez
ils	craindront

PRESENT PARTICIPLE
craignant

PAST PARTICIPLE
craint

CONDITIONAL	
je	craindrais
tu	craindrais
il	craindrait
nous	craindrions
vous	craindriez
ils	craindraient

craindre to fear

PAST HISTORIC	
je	craignis
tu	craignis
il	craignit
nous	craignîmes
vous	craignîtes
ils	craignirent

PRESENT SUBJUNCTIVE	
je	craigne
tu	craignes
il	craigne
nous	craignions
vous	craigniez
ils	craignent

PERFECT	
j'	ai craint
tu	as craint
il	a craint
nous	avons craint
vous	avez craint
ils	ont craint

PAST SUBJUNCTIVE	
je	craignisse
tu	craignisses
il	craignît
nous	craignissions
vous	craignissiez
ils	craignissent

·············· CONSTRUCTIONS ··············

ne craignez rien don't be afraid
craindre de faire qch to be afraid of doing sth
ces plantes craignent la chaleur these plants dislike heat

·············· SIMILAR VERBS ··············

contraindre to compel   plaindre to pity

59

24 créer to create

PRESENT

je	crée
tu	crées
il	crée
nous	créons
vous	créez
ils	créent

IMPERFECT

je	créais
tu	créais
il	créait
nous	créions
vous	créiez
ils	créaient

IMPERATIVE

crée
créons
créez

FUTURE

je	créerai
tu	créeras
il	créera
nous	créerons
vous	créerez
ils	créeront

PRESENT PARTICIPLE

créant

PAST PARTICIPLE

créé

CONDITIONAL

je	créerais
tu	créerais
il	créerait
nous	créerions
vous	créeriez
ils	créeraient

créer to create

PAST HISTORIC	
je	créai
tu	créas
il	créa
nous	créâmes
vous	créâtes
ils	créèrent

PRESENT SUBJUNCTIVE	
je	crée
tu	crées
il	crée
nous	créions
vous	créiez
ils	créent

PERFECT	
j'	ai créé
tu	as créé
il	a créé
nous	avons créé
vous	avez créé
ils	ont créé

PAST SUBJUNCTIVE	
je	créasse
tu	créasses
il	créât
nous	créassions
vous	créassiez
ils	créassent

.... CONSTRUCTIONS ....

il nous a créé des ennuis he's caused us problems
il s'est créé une clientèle he has built up custom

.... SIMILAR VERBS ....

agréer to accept   maugréer to grumble
procréer to procreate   récréer to recreate

25 · *crier* to shout

PRESENT

je	crie
tu	cries
il	crie
nous	crions
vous	criez
ils	crient

IMPERFECT

je	criais
tu	criais
il	criait
nous	criions
vous	criiez
ils	criaient

IMPERATIVE

crie
crions
criez

FUTURE

je	crierai
tu	crieras
il	criera
nous	crierons
vous	crierez
ils	crieront

PRESENT PARTICIPLE

criant

PAST PARTICIPLE

crié

CONDITIONAL

je	crierais
tu	crierais
il	crierait
nous	crierions
vous	crieriez
ils	crieraient

crier to shout

PAST HISTORIC		PRESENT SUBJUNCTIVE
je criai		**je** crie
tu crias		**tu** cries
il cria		**il** crie
nous criâmes		**nous** criions
vous criâtes		**vous** criiez
ils crièrent		**ils** crient

PERFECT		PAST SUBJUNCTIVE
j' ai crié		**je** criasse
tu as crié		**tu** criasses
il a crié		**il** criât
nous avons crié		**nous** criassions
vous avez crié		**vous** criassiez
ils ont crié		**ils** criassent

.... CONSTRUCTIONS ....

crier à tue-tête to shout one's head off
crier contre or **après qn** to nag (at) sb
crier à qn de faire qch to shout at sb to do sth
crier qch sur les toits to proclaim sth from the rooftops
crier au secours to shout for help

.... SIMILAR VERBS ....

amplifier to amplify   associer to associate   copier to copy
étudier to study   marier to marry

63

26 croire to believe

PRESENT	
je	crois
tu	crois
il	croit
nous	croyons
vous	croyez
ils	croient

IMPERFECT	
je	croyais
tu	croyais
il	croyait
nous	croyions
vous	croyiez
ils	croyaient

IMPERATIVE
crois
croyons
croyez

FUTURE	
je	croirai
tu	croiras
il	croira
nous	croirons
vous	croirez
ils	croiront

PRESENT PARTICIPLE
croyant

PAST PARTICIPLE
cru

CONDITIONAL	
je	croirais
tu	croirais
il	croirait
nous	croirions
vous	croiriez
ils	croiraient

croire to believe

26

PAST HISTORIC	
je	crus
tu	crus
il	crut
nous	crûmes
vous	crûtes
ils	crurent

PRESENT SUBJUNCTIVE	
je	croie
tu	croies
il	croie
nous	croyions
vous	croyiez
ils	croient

PERFECT	
j'	ai cru
tu	as cru
il	a cru
nous	avons cru
vous	avez cru
ils	ont cru

PAST SUBJUNCTIVE	
je	crusse
tu	crusses
il	crût
nous	crussions
vous	crussiez
ils	crussent

················· CONSTRUCTIONS ···

croire aux fantômes/en Dieu to believe in ghosts/God
on l'a cru mort he was presumed (to be) dead
elle croyait avoir perdu son sac she thought she had lost her bag
je crois que oui I think so, I think we will *etc*

65

27 croître to grow

PRESENT

je	croîs
tu	croîs
il	croît
nous	croissons
vous	croissez
ils	croissent

IMPERFECT

je	croissais
tu	croissais
il	croissait
nous	croissions
vous	croissiez
ils	croissaient

IMPERATIVE

croîs
croissons
croissez

FUTURE

je	croîtrai
tu	croîtras
il	croîtra
nous	croîtrons
vous	croîtrez
ils	croîtront

PRESENT PARTICIPLE

croissant

PAST PARTICIPLE

crû (*NB*: crue, crus, crues)

CONDITIONAL

je	croîtrais
tu	croîtrais
il	croîtrait
nous	croîtrions
vous	croîtriez
ils	croîtraient

croître to grow

PAST HISTORIC	
je	crûs
tu	crûs
il	crût
nous	crûmes
vous	crûtes
ils	crûrent

PRESENT SUBJUNCTIVE	
je	croisse
tu	croisses
il	croisse
nous	croissions
vous	croissiez
ils	croissent

PERFECT	
j'	ai crû
tu	as crû
il	a crû
nous	avons crû
vous	avez crû
ils	ont crû

PAST SUBJUNCTIVE	
je	crûsse
tu	crûsses
il	crût
nous	crûssions
vous	crûssiez
ils	crûssent

·············· CONSTRUCTIONS ··············

croître en beauté/nombre to grow in beauty/number
les jours croissent the days are getting longer

cueillir to pick

PRESENT	
je	cueille
tu	cueilles
il	cueille
nous	cueillons
vous	cueillez
ils	cueillent

IMPERFECT	
je	cueillais
tu	cueillais
il	cueillait
nous	cueillions
vous	cueilliez
ils	cueillaient

IMPERATIVE
cueille
cueillons
cueillez

FUTURE	
je	cueillerai
tu	cueilleras
il	cueillera
nous	cueillerons
vous	cueillerez
ils	cueilleront

PRESENT PARTICIPLE
cueillant

PAST PARTICIPLE
cueilli

CONDITIONAL	
je	cueillerais
tu	cueillerais
il	cueillerait
nous	cueillerions
vous	cueilleriez
ils	cueilleraient

cueillir to pick

PAST HISTORIC	
je	cueillis
tu	cueillis
il	cueillit
nous	cueillîmes
vous	cueillîtes
ils	cueillirent

PRESENT SUBJUNCTIVE	
je	cueille
tu	cueilles
il	cueille
nous	cueillions
vous	cueilliez
ils	cueillent

PERFECT	
j'	ai cueilli
tu	as cueilli
il	a cueilli
nous	avons cueilli
vous	avez cueilli
ils	ont cueilli

PAST SUBJUNCTIVE	
je	cueillisse
tu	cueillisses
il	cueillît
nous	cueillissions
vous	cueillissiez
ils	cueillissent

··············· CONSTRUCTIONS ··············

cueillir qn à froid to catch sb off guard

··············· SIMILAR VERBS ··············

accueillir to welcome   recueillir to collect

29 *cuire* **to cook**

PRESENT

je	cuis
tu	cuis
il	cuit
nous	cuisons
vous	cuisez
ils	cuisent

IMPERFECT

je	cuisais
tu	cuisais
il	cuisait
nous	cuisions
vous	cuisiez
ils	cuisaient

IMPERATIVE

cuis
cuisons
cuisez

FUTURE

je	cuirai
tu	cuiras
il	cuira
nous	cuirons
vous	cuirez
ils	cuiront

PRESENT PARTICIPLE

cuisant

PAST PARTICIPLE

cuit

CONDITIONAL

je	cuirais
tu	cuirais
il	cuirait
nous	cuirions
vous	cuiriez
ils	cuiraient

PAST HISTORIC		PRESENT SUBJUNCTIVE	
je	cuisis	je	cuise
tu	cuisis	tu	cuises
il	cuisit	il	cuise
nous	cuisîmes	nous	cuisions
vous	cuisîtes	vous	cuisiez
ils	cuisirent	ils	cuisent

PERFECT		PAST SUBJUNCTIVE	
j'	ai cuit	je	cuisisse
tu	as cuit	tu	cuisisses
il	a cuit	il	cuisît
nous	avons cuit	nous	cuisissions
vous	avez cuit	vous	cuisissiez
ils	ont cuit	ils	cuisissent

.... CONSTRUCTIONS ....

cuire au gaz/à l'électricité to cook with gas/by electricity
cuire au four to bake; to roast
cuire à la vapeur to steam
cuire à feu doux to cook gently
bien cuit well done

.... SIMILAR VERBS ....

construire to build   instruire to teach   produire to produce
réduire to reduce   séduire to charm

30 découvrir **to discover**

PRESENT	
je	découvre
tu	découvres
il	découvre
nous	découvrons
vous	découvrez
ils	découvrent

IMPERFECT	
je	découvrais
tu	découvrais
il	découvrait
nous	découvrions
vous	découvriez
ils	découvraient

IMPERATIVE
découvre
découvrons
découvrez

FUTURE	
je	découvrirai
tu	découvriras
il	découvrira
nous	découvrirons
vous	découvrirez
ils	découvriront

PRESENT PARTICIPLE
découvrant

PAST PARTICIPLE
découvert

CONDITIONAL	
je	découvrirais
tu	découvrirais
il	découvrirait
nous	découvririons
vous	découvririez
ils	découvriraient

découvrir **to discover** (30)

PAST HISTORIC	
je	découvris
tu	découvris
il	découvrit
nous	découvrîmes
vous	découvrîtes
ils	découvrirent

PRESENT SUBJUNCTIVE	
je	découvre
tu	découvres
il	découvre
nous	découvrions
vous	découvriez
ils	découvrent

PERFECT	
j'	ai découvert
tu	as découvert
il	a découvert
nous	avons découvert
vous	avez découvert
ils	ont découvert

PAST SUBJUNCTIVE	
je	découvrisse
tu	découvrisses
il	découvrît
nous	découvrissions
vous	découvrissiez
ils	découvrissent

.... *CONSTRUCTIONS* ....

il craint d'être découvert he's afraid of being found out
une robe qui découvre les épaules a dress which reveals the
shoulders
se découvrir to take off one's hat; to undress

31 descendre to go down

PRESENT

je	descends
tu	descends
il	descend
nous	descendons
vous	descendez
ils	descendent

IMPERFECT

je	descendais
tu	descendais
il	descendait
nous	descendions
vous	descendiez
ils	descendaient

IMPERATIVE

descends
descendons
descendez

FUTURE

je	descendrai
tu	descendras
il	descendra
nous	descendrons
vous	descendrez
ils	descendront

PRESENT PARTICIPLE

descendant

PAST PARTICIPLE

descendu

CONDITIONAL

je	descendrais
tu	descendrais
il	descendrait
nous	descendrions
vous	descendriez
ils	descendraient

descendre to go down

PAST HISTORIC		PRESENT SUBJUNCTIVE	
je	descendis	je	descende
tu	descendis	tu	descendes
il	descendit	il	descende
nous	descendîmes	nous	descendions
vous	descendîtes	vous	descendiez
ils	descendirent	ils	descendent

PERFECT		PAST SUBJUNCTIVE	
je	suis descendu	je	descendisse
tu	es descendu	tu	descendisses
il	est descendu	il	descendît
nous	sommes descendus	nous	descendissions
vous	êtes descendu(s)	vous	descendissiez
ils	sont descendus	ils	descendissent

.... CONSTRUCTIONS ....

descendre de voiture/du train/de bicyclette to get out of the car/off the train/off one's bicycle
sa jupe lui descend jusqu'aux chevilles her skirt comes down to her ankles
il a descendu la valise he took the case down

détruire **to destroy**

PRESENT		IMPERFECT	
je	détruis	je	détruisais
tu	détruis	tu	détruisais
il	détruit	il	détruisait
nous	détruisons	nous	détruisions
vous	détruisez	vous	détruisiez
ils	détruisent	ils	détruisaient

IMPERATIVE	FUTURE	
détruis	je	détruirai
détruisons	tu	détruiras
détruisez	il	détruira
	nous	détruirons
	vous	détruirez
	ils	détruiront

PRESENT PARTICIPLE	CONDITIONAL	
détruisant	je	détruirais
	tu	détruirais
PAST PARTICIPLE	il	détruirait
détruit	nous	détruirions
	vous	détruiriez
	ils	détruiraient

détruire **to destroy**

PAST HISTORIC		PRESENT SUBJUNCTIVE	
je	détruisis	je	détruise
tu	détruisis	tu	détruises
il	détruisit	il	détruise
nous	détruisîmes	nous	détruisions
vous	détruisîtes	vous	détruisiez
ils	détruisirent	ils	détruisent

PERFECT		PAST SUBJUNCTIVE	
j'	ai détruit	je	détruisisse
tu	as détruit	tu	détruisisses
il	a détruit	il	détruisît
nous	avons détruit	nous	détruisissions
vous	avez détruit	vous	détruisissiez
ils	ont détruit	ils	détruisissent

.... *CONSTRUCTIONS* ....

détruire par le feu to destroy by fire

33   *devenir* **to become**

PRESENT

je	deviens
tu	deviens
il	devient
nous	devenons
vous	devenez
ils	deviennent

IMPERFECT

je	devenais
tu	devenais
il	devenait
nous	devenions
vous	deveniez
ils	devenaient

IMPERATIVE

deviens
devenons
devenez

FUTURE

je	deviendrai
tu	deviendras
il	deviendra
nous	deviendrons
vous	deviendrez
ils	deviendront

PRESENT PARTICIPLE

devenant

PAST PARTICIPLE

devenu

CONDITIONAL

je	deviendrais
tu	deviendrais
il	deviendrait
nous	deviendrions
vous	deviendriez
ils	deviendraient

devenir to become

PAST HISTORIC		PRESENT SUBJUNCTIVE	
je	devins	je	devienne
tu	devins	tu	deviennes
il	devint	il	devienne
nous	devînmes	nous	devenions
vous	devîntes	vous	deveniez
ils	devinrent	ils	deviennent

PERFECT		PAST SUBJUNCTIVE	
je	suis devenu	je	devinsse
tu	es devenu	tu	devinsses
il	est devenu	il	devînt
nous	sommes devenus	nous	devinssions
vous	êtes devenu(s)	vous	devinssiez
ils	sont devenus	ils	devinssent

············ CONSTRUCTIONS ············

devenir médecin/professeur to become a doctor/a teacher
devenir vieux/grand to get old/tall
qu'est-il devenu? what has become of him?
il devient de plus en plus agressif he's growing increasingly
aggressive

devoir to have to; to owe

<table>
<tr><td colspan="2">

PRESENT

je	dois
tu	dois
il	doit
nous	devons
vous	devez
ils	doivent

</td><td colspan="2">

IMPERFECT

je	devais
tu	devais
il	devait
nous	devions
vous	deviez
ils	devaient

</td></tr>
</table>

IMPERATIVE

dois
devons
devez

FUTURE

je	devrai
tu	devras
il	devra
nous	devrons
vous	devrez
ils	devront

PRESENT PARTICIPLE

devant

PAST PARTICIPLE

dû (*NB*: due, dus, dues)

CONDITIONAL

je	devrais
tu	devrais
il	devrait
nous	devrions
vous	devriez
ils	devraient

devoir to have to; to owe

PAST HISTORIC		PRESENT SUBJUNCTIVE	
je	dus	je	doive
tu	dus	tu	doives
il	dut	il	doive
nous	dûmes	nous	devions
vous	dûtes	vous	deviez
ils	dûrent	ils	doivent

PERFECT		PAST SUBJUNCTIVE	
j'	ai dû	je	dusse
tu	as dû	tu	dusses
il	a dû	il	dût
nous	avons dû	nous	dussions
vous	avez dû	vous	dussiez
ils	ont dû	ils	dussent

.... CONSTRUCTIONS ....

devoir qch à qn to owe sb sth
devoir faire qch to have to do sth
il doit arriver ce soir he is due (to arrive) tonight
il a dû s'égarer he must have got lost
ceci est dû à ... this is due to ...

35 *dire* to say

PRESENT	
je	dis
tu	dis
il	dit
nous	disons
vous	dites
ils	disent

IMPERFECT	
je	disais
tu	disais
il	disait
nous	disions
vous	disiez
ils	disaient

IMPERATIVE
dis
disons
dites

FUTURE	
je	dirai
tu	diras
il	dira
nous	dirons
vous	direz
ils	diront

PRESENT PARTICIPLE
disant

PAST PARTICIPLE
dit

CONDITIONAL	
je	dirais
tu	dirais
il	dirait
nous	dirions
vous	diriez
ils	diraient

dire **to say** — 35

PAST HISTORIC		PRESENT SUBJUNCTIVE	
je	dis	je	dise
tu	dis	tu	dises
il	dit	il	dise
nous	dîmes	nous	disions
vous	dîtes	vous	disiez
ils	dirent	ils	disent

PERFECT		PAST SUBJUNCTIVE	
j'	ai dit	je	disse
tu	as dit	tu	disses
il	a dit	il	dît
nous	avons dit	nous	dissions
vous	avez dit	vous	dissiez
ils	ont dit	ils	dissent

.... *CONSTRUCTIONS* ....

dire qch à qn to tell sb sth
dire à qn de faire qch to tell sb to do sth
cela ne me dit rien I don't fancy it
on dirait du poulet it tastes like chicken
on dirait Jean it looks like John

83

36 · donner to give

PRESENT

je	donne
tu	donnes
il	donne
nous	donnons
vous	donnez
ils	donnent

IMPERFECT

je	donnais
tu	donnais
il	donnait
nous	donnions
vous	donniez
ils	donnaient

IMPERATIVE

donne
donnons
donnez

FUTURE

je	donnerai
tu	donneras
il	donnera
nous	donnerons
vous	donnerez
ils	donneront

PRESENT PARTICIPLE

donnant

PAST PARTICIPLE

donné

CONDITIONAL

je	donnerais
tu	donnerais
il	donnerait
nous	donnerions
vous	donneriez
ils	donneraient

donner to give

PAST HISTORIC	
je	donnai
tu	donnas
il	donna
nous	donnâmes
vous	donnâtes
ils	donnèrent

PRESENT SUBJUNCTIVE	
je	donne
tu	donnes
il	donne
nous	donnions
vous	donniez
ils	donnent

PERFECT	
j'	ai donné
tu	as donné
il	a donné
nous	avons donné
vous	avez donné
ils	ont donné

PAST SUBJUNCTIVE	
je	donnasse
tu	donnasses
il	donnât
nous	donnassions
vous	donnassiez
ils	donnassent

.... CONSTRUCTIONS ....

donner qch à qn to give sb sth
donner quelque chose à faire à qn to give sb something to do
donner à boire à qn to give sb something to drink
cela me donne soif this makes me (feel) thirsty
donner sur to open onto; to overlook

.... SIMILAR VERBS ....

accepter to accept   causer to cause   laver to wash

poser to put   rêver to dream

37 dormir **to sleep**

PRESENT		IMPERFECT	
je	dors	je	dormais
tu	dors	tu	dormais
il	dort	il	dormait
nous	dormons	nous	dormions
vous	dormez	vous	dormiez
ils	dorment	ils	dormaient

IMPERATIVE	FUTURE	
dors	je	dormirai
dormons	tu	dormiras
dormez	il	dormira
	nous	dormirons
	vous	dormirez
	ils	dormiront

PRESENT PARTICIPLE	CONDITIONAL	
dormant	je	dormirais
	tu	dormirais
PAST PARTICIPLE	il	dormirait
dormi	nous	dormirions
	vous	dormiriez
	ils	dormiraient

dormir to sleep

PAST HISTORIC		PRESENT SUBJUNCTIVE
je dormis		**je** dorme
tu dormis		**tu** dormes
il dormit		**il** dorme
nous dormîmes		**nous** dormions
vous dormîtes		**vous** dormiez
ils dormirent		**ils** dorment

PERFECT		PAST SUBJUNCTIVE
j' ai dormi		**je** dormisse
tu as dormi		**tu** dormisses
il a dormi		**il** dormît
nous avons dormi		**nous** dormissions
vous avez dormi		**vous** dormissiez
ils ont dormi		**ils** dormissent

················ CONSTRUCTIONS ·······························

il dort he's asleep
j'ai mal dormi I didn't sleep well
il dort d'un sommeil léger he's a light sleeper
je n'ai pas dormi de la nuit I didn't sleep a wink (all night)

················ SIMILAR VERBS ·······························

s'endormir to fall asleep

PRESENT

j'	écris
tu	écris
il	écrit
nous	écrivons
vous	écrivez
ils	écrivent

IMPERFECT

j'	écrivais
tu	écrivais
il	écrivait
nous	écrivions
vous	écriviez
ils	écrivaient

IMPERATIVE

écris
écrivons
écrivez

FUTURE

j'	écrirai
tu	écriras
il	écrira
nous	écrirons
vous	écrirez
ils	écriront

PRESENT PARTICIPLE

écrivant

PAST PARTICIPLE

écrit

CONDITIONAL

j'	écrirais
tu	écrirais
il	écrirait
nous	écririons
vous	écririez
ils	écriraient

écrire **to write** 38

PAST HISTORIC	
j'	écrivis
tu	écrivis
il	écrivit
nous	écrivîmes
vous	écrivîtes
ils	écrivirent

PRESENT SUBJUNCTIVE	
j'	écrive
tu	écrives
il	écrive
nous	écrivions
vous	écriviez
ils	écrivent

PERFECT	
j'	ai écrit
tu	as écrit
il	a écrit
nous	avons écrit
vous	avez écrit
ils	ont écrit

PAST SUBJUNCTIVE	
j'	écrivisse
tu	écrivisses
il	écrivît
nous	écrivissions
vous	écrivissiez
ils	écrivissent

·········· *CONSTRUCTIONS* ··········

écrit à la main/à la machine handwritten/typed
appeler s'écrit avec deux p appeler is spelt with two ps

·········· *SIMILAR VERBS* ··········

décrire to describe **inscrire** to write **souscrire** to subscribe
transcrire to transcribe

PRESENT	
j'	entre
tu	entres
il	entre
nous	entrons
vous	entrez
ils	entrent

IMPERFECT	
j'	entrais
tu	entrais
il	entrait
nous	entrions
vous	entriez
ils	entraient

IMPERATIVE
entre
entrons
entrez

FUTURE	
j'	entrerai
tu	entreras
il	entrera
nous	entrerons
vous	entrerez
ils	entreront

PRESENT PARTICIPLE
entrant

PAST PARTICIPLE
entré

CONDITIONAL	
j'	entrerais
tu	entrerais
il	entrerait
nous	entrerions
vous	entreriez
ils	entreraient

entrer to enter 39

PAST HISTORIC		PRESENT SUBJUNCTIVE	
j'	entrai	j'	entre
tu	entras	tu	entres
il	entra	il	entre
nous	entrâmes	nous	entrions
vous	entrâtes	vous	entriez
ils	entrèrent	ils	entrent

PERFECT		PAST SUBJUNCTIVE	
je	suis entré	j'	entrasse
tu	es entré	tu	entrasses
il	est entré	il	entrât
nous	sommes entrés	nous	entrassions
vous	êtes entré(s)	vous	entrassiez
ils	sont entrés	ils	entrassent

······· CONSTRUCTIONS ·······

entrer dans une pièce/une voiture to go (*or* come) into a room/get into a car
faire entrer qn to show *or* ask sb in
entrer dans un club/une firme to join a club/firm
ça n'entre pas dans ce tiroir it won't go into this drawer

40 · envoyer **to send**

PRESENT	
j'	envoie
tu	envoies
il	envoie
nous	envoyons
vous	envoyez
ils	envoient

IMPERFECT	
j'	envoyais
tu	envoyais
il	envoyait
nous	envoyions
vous	envoyiez
ils	envoyaient

IMPERATIVE
envoie
envoyons
envoyez

FUTURE	
j'	enverrai
tu	enverras
il	enverra
nous	enverrons
vous	enverrez
ils	enverront

PRESENT PARTICIPLE
envoyant

PAST PARTICIPLE
envoyé

CONDITIONAL	
j'	enverrais
tu	enverrais
il	enverrait
nous	enverrions
vous	enverriez
ils	enverraient

envoyer to send

PAST HISTORIC		PRESENT SUBJUNCTIVE	
j'	envoyai	j'	envoie
tu	envoyas	tu	envoies
il	envoya	il	envoie
nous	envoyâmes	nous	envoyions
vous	envoyâtes	vous	envoyiez
ils	envoyèrent	ils	envoient

PERFECT		PAST SUBJUNCTIVE	
j'	ai envoyé	j'	envoyasse
tu	as envoyé	tu	envoyasses
il	a envoyé	il	envoyât
nous	avons envoyé	nous	envoyassions
vous	avez envoyé	vous	envoyassiez
ils	ont envoyé	ils	envoyassent

.... CONSTRUCTIONS ....

envoyer chercher qn/qch to send for sb/sth

.... SIMILAR VERBS ....

renvoyer to send back

espérer to hope

PRESENT

j'	espère
tu	espères
il	espère
nous	espérons
vous	espérez
ils	espèrent

IMPERFECT

j'	espérais
tu	espérais
il	espérait
nous	espérions
vous	espériez
ils	espéraient

IMPERATIVE

espère
espérons
espérez

FUTURE

j'	espérerai
tu	espéreras
il	espérera
nous	espérerons
vous	espérerez
ils	espéreront

PRESENT PARTICIPLE

espérant

PAST PARTICIPLE

espéré

CONDITIONAL

j'	espérerais
tu	espérerais
il	espérerait
nous	espérerions
vous	espéreriez
ils	espéreraient

espérer to hope

<table>
<tr><td colspan="2">PAST HISTORIC</td><td colspan="2">PRESENT SUBJUNCTIVE</td></tr>
<tr><td>j'</td><td>espérai</td><td>j'</td><td>espère</td></tr>
<tr><td>tu</td><td>espéras</td><td>tu</td><td>espères</td></tr>
<tr><td>il</td><td>espéra</td><td>il</td><td>espère</td></tr>
<tr><td>nous</td><td>espérâmes</td><td>nous</td><td>espérions</td></tr>
<tr><td>vous</td><td>espérâtes</td><td>vous</td><td>espériez</td></tr>
<tr><td>ils</td><td>espérèrent</td><td>ils</td><td>espèrent</td></tr>
</table>

<table>
<tr><td colspan="2">PERFECT</td><td colspan="2">PAST SUBJUNCTIVE</td></tr>
<tr><td>j'</td><td>ai espéré</td><td>j'</td><td>espérasse</td></tr>
<tr><td>tu</td><td>as espéré</td><td>tu</td><td>espérasses</td></tr>
<tr><td>il</td><td>a espéré</td><td>il</td><td>espérât</td></tr>
<tr><td>nous</td><td>avons espéré</td><td>nous</td><td>espérassions</td></tr>
<tr><td>vous</td><td>avez espéré</td><td>vous</td><td>espérassiez</td></tr>
<tr><td>ils</td><td>ont espéré</td><td>ils</td><td>espérassent</td></tr>
</table>

.... CONSTRUCTIONS ....

espérer faire qch to hope to do sth
viendra-t-il? – je l'espère (bien) will he come? – ! (certainly)
hope so
j'espère bien n'avoir rien oublié I hope I haven't forgotten
anything

.... SIMILAR VERBS ....

accélérer to accelerate céder to give up compléter to complete
régler to settle   sécher to dry

42 être to be

PRESENT

je	suis
tu	es
il	est
nous	sommes
vous	êtes
ils	sont

IMPERFECT

j'	étais
tu	étais
il	était
nous	étions
vous	étiez
ils	étaient

IMPERATIVE

sois
soyons
soyez

FUTURE

je	serai
tu	seras
il	sera
nous	serons
vous	serez
ils	seront

PRESENT PARTICIPLE

étant

PAST PARTICIPLE

été

CONDITIONAL

je	serais
tu	serais
il	serait
nous	serions
vous	seriez
ils	seraient

être to be 42

PAST HISTORIC		PRESENT SUBJUNCTIVE	
je	fus	**je**	sois
tu	fus	**tu**	sois
il	fut	**il**	soit
nous	fûmes	**nous**	soyons
vous	fûtes	**vous**	soyez
ils	furent	**ils**	soient

PERFECT		PAST SUBJUNCTIVE	
j'	ai été	**je**	fusse
tu	as été	**tu**	fusses
il	a été	**il**	fût
nous	avons été	**nous**	fussions
vous	avez été	**vous**	fussiez
ils	ont été	**ils**	fussent

········· CONSTRUCTIONS ··

il est peintre he's a painter
quel jour sommes-nous? – sommes le 12 mars what's today's
date? – it's March 12th
à qui est ce cahier? – il est à elle whose jotter is this? – it's hers

43 faire to do; to make

<table>
<tr><td colspan="2">PRESENT</td></tr>
<tr><td>je</td><td>fais</td></tr>
<tr><td>tu</td><td>fais</td></tr>
<tr><td>il</td><td>fait</td></tr>
<tr><td>nous</td><td>faisons</td></tr>
<tr><td>vous</td><td>faites</td></tr>
<tr><td>ils</td><td>font</td></tr>
</table>

IMPERFECT

je	faisais
tu	faisais
il	faisait
nous	faisions
vous	faisiez
ils	faisaient

IMPERATIVE

fais
faisons
faites

FUTURE

je	ferai
tu	feras
il	fera
nous	ferons
vous	ferez
ils	feront

PRESENT PARTICIPLE

faisant

PAST PARTICIPLE

fait

CONDITIONAL

je	ferais
tu	ferais
il	ferait
nous	ferions
vous	feriez
ils	feraient

faire to do; to make

PAST HISTORIC	
je	fis
tu	fis
il	fit
nous	fîmes
vous	fîtes
ils	firent

PRESENT SUBJUNCTIVE	
je	fasse
tu	fasses
il	fasse
nous	fassions
vous	fassiez
ils	fassent

PERFECT	
j'	ai fait
tu	as fait
il	a fait
nous	avons fait
vous	avez fait
ils	ont fait

PAST SUBJUNCTIVE	
je	fisse
tu	fisses
il	fît
nous	fissions
vous	fissiez
ils	fissent

.... CONSTRUCTIONS ....

faire la vaisselle/la cuisine to do the dishes/the cooking
faire une promenade/des courses to go for a walk/go shopping
il fait beau/du vent it's nice/windy
faire faire qch to have sth done or made

.... SIMILAR VERBS ....

contrefaire to forge   défaire to undo   refaire to redo
satisfaire to satisfy

falloir to be necessary

PRESENT
il faut

IMPERFECT
il fallait

IMPERATIVE
not used

FUTURE
il faudra

PRESENT PARTICIPLE
not used

PAST PARTICIPLE
fallu

CONDITIONAL
il faudrait

falloir to be necessary

PAST HISTORIC	PRESENT SUBJUNCTIVE
il fallut	il faille

PERFECT	PAST SUBJUNCTIVE
il a fallu	il fallût

.... CONSTRUCTIONS ....

il lui faut quelqu'un pour l'aider he needs somebody to help him
il faut qu'il parte he'll have to *or* has to go
il faut être prudent you have to be careful

45 finir to finish

PRESENT

je	finis
tu	finis
il	finit
nous	finissons
vous	finissez
ils	finissent

IMPERFECT

je	finissais
tu	finissais
il	finissait
nous	finissions
vous	finissiez
ils	finissaient

IMPERATIVE

finis
finissons
finissez

FUTURE

je	finirai
tu	finiras
il	finira
nous	finirons
vous	finirez
ils	finiront

PRESENT PARTICIPLE

finissant

PAST PARTICIPLE

fini

CONDITIONAL

je	finirais
tu	finirais
il	finirait
nous	finirions
vous	finiriez
ils	finiraient

finir to finish

PAST HISTORIC		PRESENT SUBJUNCTIVE	
je	finis	je	finisse
tu	finis	tu	finisses
il	finit	il	finisse
nous	finîmes	nous	finissions
vous	finîtes	vous	finissiez
ils	finirent	ils	finissent

PERFECT		PAST SUBJUNCTIVE	
j'	ai fini	je	finisse
tu	as fini	tu	finisses
il	a fini	il	finît
nous	avons fini	nous	finissions
vous	avez fini	vous	finissiez
ils	ont fini	ils	finissent

.... CONSTRUCTIONS ....

finir de faire qch to finish doing sth
il a fini par comprendre he finally understood
tout finira par s'arranger everything will work out in the end
le film finit bien the film has a happy ending

.... SIMILAR VERBS ....

agir to act   bâtir to build   durcir to harden
guérir to heal   réunir to reunite

fuir to flee

....

PRESENT
je **fuis**
tu **fuis**
il **fuit**
nous **fuyons**
vous **fuyez**
ils **fuient**

IMPERFECT
je **fuyais**
tu **fuyais**
il **fuyait**
nous **fuyions**
vous **fuyiez**
ils **fuyaient**

IMPERATIVE
fuis
fuyons
fuyez

FUTURE
je **fuirai**
tu **fuiras**
il **fuira**
nous **fuirons**
vous **fuirez**
ils **fuiront**

PRESENT PARTICIPLE
fuyant

PAST PARTICIPLE
fui

CONDITIONAL
je **fuirais**
tu **fuirais**
il **fuirait**
nous **fuirions**
vous **fuiriez**
ils **fuiraient**

fuir to flee (46)

PAST HISTORIC		PRESENT SUBJUNCTIVE	
je	fuis	je	fuie
tu	fuis	tu	fuies
il	fuit	il	fuie
nous	fuîmes	nous	fuyions
vous	fuîtes	vous	fuyiez
ils	fuirent	ils	fuient

PERFECT		PAST SUBJUNCTIVE	
j'	ai fui	je	fuisse
tu	as fui	tu	fuisses
il	a fui	il	fuît
nous	avons fui	nous	fuissions
vous	avez fui	vous	fuissiez
ils	ont fui	ils	fuissent

.... CONSTRUCTIONS ....

fuir devant un danger/ses responsabilités to run away from danger/one's responsibilities

.... SIMILAR VERBS ....

s'enfuir to run away

47 haïr to hate

PRESENT

je	hais
tu	hais
il	hait
nous	haïssons
vous	haïssez
ils	haïssent

IMPERFECT

je	haïssais
tu	haïssais
il	haïssait
nous	haïssions
vous	haïssiez
ils	haïssaient

IMPERATIVE

hais
haïssons
haïssez

FUTURE

je	haïrai
tu	haïras
il	haïra
nous	haïrons
vous	haïrez
ils	haïront

PRESENT PARTICIPLE

haïssant

PAST PARTICIPLE

haï

CONDITIONAL

je	haïrais
tu	haïrais
il	haïrait
nous	haïrions
vous	haïriez
ils	haïraient

PAST HISTORIC	PRESENT SUBJUNCTIVE
je haïs	je haïsse
tu haïs	tu haïsses
il haït	il haïsse
nous haïmes	nous haïssions
vous haïtes	vous haïssiez
ils haïrent	ils haïssent

PERFECT	PAST SUBJUNCTIVE
j' ai haï	je haïsse
tu as haï	tu haïsses
il a haï	il haït
nous avons haï	nous haïssions
vous avez haï	vous haïssiez
ils ont haï	ils haïssent

interdire **to forbid**

PRESENT

j'	interdis
tu	interdis
il	interdit
nous	interdisons
vous	interdisez
ils	interdisent

IMPERFECT

j'	interdisais
tu	interdisais
il	interdisait
nous	interdisions
vous	interdisiez
ils	interdisaient

IMPERATIVE

interdis
interdisons
interdisez

FUTURE

j'	interdirai
tu	interdiras
il	interdira
nous	interdirons
vous	interdirez
ils	interdiront

PRESENT PARTICIPLE

interdisant

PAST PARTICIPLE

interdit

CONDITIONAL

j'	interdirais
tu	interdirais
il	interdirait
nous	interdirions
vous	interdiriez
ils	interdiraient

interdire **to forbid** (48)

PAST HISTORIC	
j'	interdis
tu	interdis
il	interdit
nous	interdîmes
vous	interdîtes
ils	interdirent

PRESENT SUBJUNCTIVE	
j'	interdise
tu	interdises
il	interdise
nous	interdisions
vous	interdisiez
ils	interdisent

PERFECT	
j'	ai interdit
tu	as interdit
il	a interdit
nous	avons interdit
vous	avez interdit
ils	ont interdit

PAST SUBJUNCTIVE	
j'	interdisse
tu	interdisses
il	interdît
nous	interdissions
vous	interdissiez
ils	interdissent

.... CONSTRUCTIONS ....

interdire à qn de faire qch to forbid sb to do sth
il m'a interdit l'alcool/le tabac he's forbidden me to
drink/smoke
il est interdit de fumer smoking is prohibited
stationnement interdit no parking

.... SIMILAR VERBS ....

contredire to contradict   prédire to predict

49 introduire to introduce

PRESENT

j'	introduis
tu	introduis
il	introduit
nous	introduisons
vous	introduisez
ils	introduisent

IMPERFECT

j'	introduisais
tu	introduisais
il	introduisait
nous	introduisions
vous	introduisiez
ils	introduisaient

IMPERATIVE

introduis
introduisons
introduisez

FUTURE

j'	introduirai
tu	introduiras
il	introduira
nous	introduirons
vous	introduirez
ils	introduiront

PRESENT PARTICIPLE

introduisant

PAST PARTICIPLE

introduit

CONDITIONAL

j'	introduirais
tu	introduirais
il	introduirait
nous	introduirions
vous	introduiriez
ils	introduiraient

introduire to introduce 49

49

PAST HISTORIC	
j'	introduisis
tu	introduisis
il	introduisit
nous	introduisîmes
vous	introduisîtes
ils	introduisirent

PRESENT SUBJUNCTIVE	
j'	introduise
tu	introduises
il	introduise
nous	introduisions
vous	introduisiez
ils	introduisent

PERFECT	
j'	ai introduit
tu	as introduit
il	a introduit
nous	avons introduit
vous	avez introduit
ils	ont introduit

PAST SUBJUNCTIVE	
j'	introduisisse
tu	introduisisses
il	introduisît
nous	introduisissions
vous	introduisissiez
ils	introduisissent

.... CONSTRUCTIONS ....

il a introduit sa clef dans la serrure he inserted his key in the lock
il m'a introduit dans le salon he showed me into the lounge
s'introduire dans une pièce to get into a room

111

50   *jeter* **to throw**

<table>
<tr><td colspan="2">

PRESENT

je jette
tu jettes
il jette
nous jetons
vous jetez
ils jettent

</td><td colspan="2">

IMPERFECT

je jetais
tu jetais
il jetait
nous jetions
vous jetiez
ils jetaient

</td></tr>
</table>

IMPERATIVE

jette
jetons
jetez

FUTURE

je jetterai
tu jetteras
il jettera
nous jetterons
vous jetterez
ils jetteront

PRESENT PARTICIPLE

jetant

PAST PARTICIPLE

jeté

CONDITIONAL

je jetterais
tu jetterais
il jetterait
nous jetterions
vous jetteriez
ils jetteraient

PAST HISTORIC		PRESENT SUBJUNCTIVE
je jetai		**je** jette
tu jetas		**tu** jettes
il jeta		**il** jette
nous jetâmes		**nous** jetions
vous jetâtes		**vous** jetiez
ils jetèrent		**ils** jettent

PERFECT		PAST SUBJUNCTIVE
j' ai jeté		**je** jetasse
tu as jeté		**tu** jetasses
il a jeté		**il** jetât
nous avons jeté		**nous** jetassions
vous avez jeté		**vous** jetassiez
ils ont jeté		**ils** jetassent

·············· CONSTRUCTIONS ··············

jeter qch à qn to throw sth to sb; to throw sth at sb
jeter qch par terre/par la fenêtre to throw sth down/out of the window
jeter qn dehors *or* **à la porte** to throw sb out

·············· SIMILAR VERBS ··············

breveter to patent   étiqueter to label   feuilleter to leaf through
projeter to plan   rejeter to reject

51 joindre **to join**

PRESENT		IMPERFECT	
je	joins	je	joignais
tu	joins	tu	joignais
il	joint	il	joignait
nous	joignons	nous	joignions
vous	joignez	vous	joigniez
ils	joignent	ils	joignaient

IMPERATIVE	FUTURE	
joins	je	joindrai
joignons	tu	joindras
joignez	il	joindra
	nous	joindrons
	vous	joindrez
	ils	joindront

PRESENT PARTICIPLE	CONDITIONAL	
joignant	je	joindrais
	tu	joindrais
PAST PARTICIPLE	il	joindrait
joint	nous	joindrions
	vous	joindriez
	ils	joindraient

joindre to join 51

PAST HISTORIC		PRESENT SUBJUNCTIVE	
je	joignis	je	joigne
tu	joignis	tu	joignes
il	joignit	il	joigne
nous	joignîmes	nous	joignions
vous	joignîtes	vous	joigniez
ils	joignirent	ils	joignent

PERFECT		PAST SUBJUNCTIVE	
j'	ai joint	je	joignisse
tu	as joint	tu	joignisses
il	a joint	il	joignît
nous	avons joint	nous	joignissions
vous	avez joint	vous	joignissiez
ils	ont joint	ils	joignissent

.... CONSTRUCTIONS ....

joindre les mains to clasp one's hands (together)
voir la lettre ci-jointe see the enclosed letter
elle joint l'intelligence à la beauté she combines intelligence
and beauty
se joindre à to join

.... SIMILAR VERBS ....

adjoindre to attach   rejoindre to rejoin

115

52 lever to lift

PRESENT

je	lève
tu	lèves
il	lève
nous	levons
vous	levez
ils	lèvent

IMPERFECT

je	levais
tu	levais
il	levait
nous	levions
vous	leviez
ils	levaient

IMPERATIVE

lève
levons
levez

FUTURE

je	lèverai
tu	lèveras
il	lèvera
nous	lèverons
vous	lèverez
ils	lèveront

PRESENT PARTICIPLE

levant

PAST PARTICIPLE

levé

CONDITIONAL

je	lèverais
tu	lèverais
il	lèverait
nous	lèverions
vous	lèveriez
ils	lèveraient

PAST HISTORIC	
je	levai
tu	levas
il	leva
nous	levâmes
vous	levâtes
ils	levèrent

PRESENT SUBJUNCTIVE	
je	lève
tu	lèves
il	lève
nous	levions
vous	leviez
ils	lèvent

PERFECT	
j'	ai levé
tu	as levé
il	a levé
nous	avons levé
vous	avez levé
ils	ont levé

PAST SUBJUNCTIVE	
je	levasse
tu	levasses
il	levât
nous	levassions
vous	levassiez
ils	levassent

.... CONSTRUCTIONS ....

lever les yeux to look up
levez la main! put your hand up!
lever son verre à qn to raise one's glass to sb
se lever to get up; to rise
le jour/la brume se lève day breaks/the mist is clearing

.... SIMILAR VERBS ....

amener to bring   élever to raise   enlever to remove
mener to lead   peser to weigh

53 lire to read

PRESENT	
je	lis
tu	lis
il	lit
nous	lisons
vous	lisez
ils	lisent

IMPERFECT	
je	lisais
tu	lisais
il	lisait
nous	lisions
vous	lisiez
ils	lisaient

IMPERATIVE
lis
lisons
lisez

FUTURE	
je	lirai
tu	liras
il	lira
nous	lirons
vous	lirez
ils	liront

PRESENT PARTICIPLE
lisant

PAST PARTICIPLE
lu

CONDITIONAL	
je	lirais
tu	lirais
il	lirait
nous	lirions
vous	liriez
ils	liraient

lire to read 53

PAST HISTORIC	
je	lus
tu	lus
il	lut
nous	lûmes
vous	lûtes
ils	lurent

PRESENT SUBJUNCTIVE	
je	lise
tu	lises
il	lise
nous	lisions
vous	lisiez
ils	lisent

PERFECT	
j'	ai lu
tu	as lu
il	a lu
nous	avons lu
vous	avez lu
ils	ont lu

PAST SUBJUNCTIVE	
je	lusse
tu	lusses
il	lût
nous	lussions
vous	lussiez
ils	lussent

··············· CONSTRUCTIONS ···············

je lui ai lu une histoire I read him a story
c'est un livre à lire it's a book you should read

··············· SIMILAR VERBS ···············

élire to elect

54 manger **to eat**

PRESENT

je	mange
tu	manges
il	mange
nous	mangeons
vous	mangez
ils	mangent

IMPERFECT

je	mangeais
tu	mangeais
il	mangeait
nous	mangions
vous	mangiez
ils	mangeaient

IMPERATIVE

mange
mangeons
mangez

FUTURE

je	mangerai
tu	mangeras
il	mangera
nous	mangerons
vous	mangerez
ils	mangeront

PRESENT PARTICIPLE

mangeant

PAST PARTICIPLE

mangé

CONDITIONAL

je	mangerais
tu	mangerais
il	mangerait
nous	mangerions
vous	mangeriez
ils	mangeraient

manger **to eat**

PAST HISTORIC		PRESENT SUBJUNCTIVE	
je	mangeai	je	mange
tu	mangeas	tu	manges
il	mangea	il	mange
nous	mangeâmes	nous	mangions
vous	mangeâtes	vous	mangiez
ils	mangèrent	ils	mangent

PERFECT		PAST SUBJUNCTIVE	
j'	ai mangé	je	mangeasse
tu	as mangé	tu	mangeasses
il	a mangé	il	mangeât
nous	avons mangé	nous	mangeassions
vous	avez mangé	vous	mangeassiez
ils	ont mangé	ils	mangeassent

········· CONSTRUCTIONS ··

manger comme quatre to eat like a horse
est-ce que ça se mange? is it edible?

········· SIMILAR VERBS ··

arranger to arrange   bouger to move   dégager to clear
diriger to manage   loger to accommodate

maudire **to curse**

PRESENT	
je	maudis
tu	maudis
il	maudit
nous	maudissons
vous	maudissez
ils	maudissent

IMPERFECT	
je	maudissais
tu	maudissais
il	maudissait
nous	maudissions
vous	maudissiez
ils	maudissaient

IMPERATIVE
maudis
maudissons
maudissez

FUTURE	
je	maudirai
tu	maudiras
il	maudira
nous	maudirons
vous	maudirez
ils	maudiront

PRESENT PARTICIPLE
maudissant

PAST PARTICIPLE
maudit

CONDITIONAL	
je	maudirais
tu	maudirais
il	maudirait
nous	maudirions
vous	maudiriez
ils	maudiraient

maudire to curse

PAST HISTORIC	
je	maudis
tu	maudis
il	maudit
nous	maudîmes
vous	maudîtes
ils	maudirent

PRESENT SUBJUNCTIVE	
je	maudisse
tu	maudisses
il	maudisse
nous	maudissions
vous	maudissiez
ils	maudissent

PERFECT	
j'	ai maudit
tu	as maudit
il	a maudit
nous	avons maudit
vous	avez maudit
ils	ont maudit

PAST SUBJUNCTIVE	
je	maudisse
tu	maudisses
il	maudît
nous	maudissions
vous	maudissiez
ils	maudissent

·············· CONSTRUCTIONS ··············

ce maudit stylo ne marche pas! this blasted pen won't work!

mettre to put

PRESENT

je	mets
tu	mets
il	met
nous	mettons
vous	mettez
ils	mettent

IMPERFECT

je	mettais
tu	mettais
il	mettait
nous	mettions
vous	mettiez
ils	mettaient

IMPERATIVE

mets
mettons
mettez

FUTURE

je	mettrai
tu	mettras
il	mettra
nous	mettrons
vous	mettrez
ils	mettront

PRESENT PARTICIPLE

mettant

PAST PARTICIPLE

mis

CONDITIONAL

je	mettrais
tu	mettrais
il	mettrait
nous	mettrions
vous	mettriez
ils	mettraient

PAST HISTORIC		PRESENT SUBJUNCTIVE	
je	mis	je	mette
tu	mis	tu	mettes
il	mit	il	mette
nous	mîmes	nous	mettions
vous	mîtes	vous	mettiez
ils	mirent	ils	mettent

PERFECT		PAST SUBJUNCTIVE	
j'	ai mis	je	misse
tu	as mis	tu	misses
il	a mis	il	mît
nous	avons mis	nous	missions
vous	avez mis	vous	missiez
ils	ont mis	ils	missent

············· CONSTRUCTIONS ·····················

j'ai mis 2 heures à le faire I took 2 hours to do it
elle n'a rien à se mettre she's nothing to wear
se mettre à faire qch to start doing sth
se mettre au travail to set to work

············· SIMILAR VERBS ·····················

admettre to admit   **commettre** to commit   **émettre** to emit
soumettre to submit   **transmettre** to transmit

monter to go up

PRESENT	
je	monte
tu	montes
il	monte
nous	montons
vous	montez
ils	montent

IMPERFECT	
je	montais
tu	montais
il	montait
nous	montions
vous	montiez
ils	montaient

IMPERATIVE
monte
montons
montez

FUTURE	
je	monterai
tu	monteras
il	montera
nous	monterons
vous	monterez
ils	monteront

PRESENT PARTICIPLE
montant

PAST PARTICIPLE
monté

CONDITIONAL	
je	monterais
tu	monterais
il	monterait
nous	monterions
vous	monteriez
ils	monteraient

monter to go up

PAST HISTORIC			PRESENT SUBJUNCTIVE	
je	montai		je	monte
tu	montas		tu	montes
il	monta		il	monte
nous	montâmes		nous	montions
vous	montâtes		vous	montiez
ils	montèrent		ils	montent

PERFECT			PAST SUBJUNCTIVE	
je	suis monté		je	montasse
tu	es monté		tu	montasses
il	est monté		il	montât
nous	sommes montés		nous	montassions
vous	êtes monté(s)		vous	montassiez
ils	sont montés		ils	montassent

········· CONSTRUCTIONS ·········

monter dans un train/un avion to get on a train/plane
monter en voiture to get into a car
monter à bicyclette/cheval to get on a bicycle/horse; to ride a bicycle/horse
il a monté la valise he took the case up

58 mordre **to bite**

PRESENT		IMPERFECT	
je	mords	je	mordais
tu	mords	tu	mordais
il	mord	il	mordait
nous	mordons	nous	mordions
vous	mordez	vous	mordiez
ils	mordent	ils	mordaient

IMPERATIVE	FUTURE	
mords	je	mordrai
mordons	tu	mordras
mordez	il	mordra
	nous	mordrons
	vous	mordrez
	ils	mordront

PRESENT PARTICIPLE	CONDITIONAL	
mordant	je	mordrais
	tu	mordrais
PAST PARTICIPLE	il	mordrait
mordu	nous	mordrions
	vous	mordriez
	ils	mordraient

PAST HISTORIC		PRESENT SUBJUNCTIVE	
je	mordis	je	morde
tu	mordis	tu	mordes
il	mordit	il	morde
nous	mordîmes	nous	mordions
vous	mordîtes	vous	mordiez
ils	mordirent	ils	mordent

PERFECT		PAST SUBJUNCTIVE	
j'	ai mordu	je	mordisse
tu	as mordu	tu	mordisses
il	a mordu	il	mordît
nous	avons mordu	nous	mordissions
vous	avez mordu	vous	mordissiez
ils	ont mordu	ils	mordissent

················ CONSTRUCTIONS ················

mordre qn à la main to bite sb's hand
mordre dans une pomme to bite into an apple
mordu de football mad keen on football
mordre à l'hameçon to rise to the bait

················ SIMILAR VERBS ················

tordre to twist

129

moudre to grind

PRESENT	
je	mouds
tu	mouds
il	moud
nous	moulons
vous	moulez
ils	moulent

IMPERFECT	
je	moulais
tu	moulais
il	moulait
nous	moulions
vous	mouliez
ils	moulaient

IMPERATIVE
mouds
moulons
moulez

FUTURE	
je	moudrai
tu	moudras
il	moudra
nous	moudrons
vous	moudrez
ils	moudront

PRESENT PARTICIPLE
moulant

PAST PARTICIPLE
moulu

CONDITIONAL	
je	moudrais
tu	moudrais
il	moudrait
nous	moudrions
vous	moudriez
ils	moudraient

moudre **to grind** 59

PAST HISTORIC		PRESENT SUBJUNCTIVE	
je	moulus	je	moule
tu	moulus	tu	moules
il	moulut	il	moule
nous	moulûmes	nous	moulions
vous	moulûtes	vous	mouliez
ils	moulurent	ils	moulent

PERFECT		PAST SUBJUNCTIVE	
j'	ai moulu	je	moulusse
tu	as moulu	tu	moulusses
il	a moulu	il	moulût
nous	avons moulu	nous	moulussions
vous	avez moulu	vous	moulussiez
ils	ont moulu	ils	moulussent

·········· CONSTRUCTIONS ··········

je l'aimerais moulu très fin, s'il vous plaît I'd like it very finely
ground, please

PRESENT

je	meurs
tu	meurs
il	meurt
nous	mourons
vous	mourez
ils	meurent

IMPERFECT

je	mourais
tu	mourais
il	mourait
nous	mourions
vous	mouriez
ils	mouraient

IMPERATIVE

meurs
mourons
mourez

FUTURE

je	mourrai
tu	mourras
il	mourra
nous	mourrons
vous	mourrez
ils	mourront

PRESENT PARTICIPLE

mourant

PAST PARTICIPLE

mort

CONDITIONAL

je	mourrais
tu	mourrais
il	mourrait
nous	mourrions
vous	mourriez
ils	mourraient

PAST HISTORIC	
je	mourus
tu	mourus
il	mourut
nous	mourûmes
vous	mourûtes
ils	moururent

PRESENT SUBJUNCTIVE	
je	meure
tu	meures
il	meure
nous	mourions
vous	mouriez
ils	meurent

PERFECT	
je	suis mort
tu	es mort
il	est mort
nous	sommes mort
vous	êtes mort(s)
ils	sont morts

PAST SUBJUNCTIVE	
je	mourusse
tu	mourusses
il	mourût
nous	mourussions
vous	mourussiez
ils	mourussent

.... CONSTRUCTIONS ....

il est mort he's dead
il est mort en 1960 he died in 1960
mourir de faim/froid to die of hunger/cold
être mort de peur to be scared to death
mourir d'envie de faire qch to be dying to do sth

61 mouvoir to move

PRESENT		IMPERFECT	
je	meus	je	mouvais
tu	meus	tu	mouvais
il	meut	il	mouvait
nous	mouvons	nous	mouvions
vous	mouvez	vous	mouviez
ils	meuvent	ils	mouvaient

IMPERATIVE		FUTURE	
	meus	je	mouvrai
	mouvons	tu	mouvras
	mouvez	il	mouvra
		nous	mouvrons
		vous	mouvrez
		ils	mouvront

PRESENT PARTICIPLE

mouvant

PAST PARTICIPLE

mû (*NB*: mue, mus, mues)

CONDITIONAL	
je	mouvrais
tu	mouvrais
il	mouvrait
nous	mouvrions
vous	mouvriez
ils	mouvraient

mouvoir to move

PAST HISTORIC		PRESENT SUBJUNCTIVE	
je	mus	je	meuve
tu	mus	tu	meuves
il	mut	il	meuve
nous	mûmes	nous	mouvions
vous	mûtes	vous	mouviez
ils	murent	ils	meuvent

PERFECT		PAST SUBJUNCTIVE	
j'	ai mû	je	musse
tu	as mû	tu	musses
il	a mû	il	mût
nous	avons mû	nous	mussions
vous	avez mû	vous	mussiez
ils	ont mû	ils	mussent

······· CONSTRUCTIONS ·······

il a de la peine à se mouvoir he has difficulty in moving

naître to be born

PRESENT

je	nais
tu	nais
il	naît
nous	naissons
vous	naissez
ils	naissent

IMPERFECT

je	naissais
tu	naissais
il	naissait
nous	naissions
vous	naissiez
ils	naissaient

IMPERATIVE

nais
naissons
naissez

FUTURE

je	naîtrai
tu	naîtras
il	naîtra
nous	naîtrons
vous	naîtrez
ils	naîtront

PRESENT PARTICIPLE

naissant

PAST PARTICIPLE

né

CONDITIONAL

je	naîtrais
tu	naîtrais
il	naîtrait
nous	naîtrions
vous	naîtriez
ils	naîtraient

naître to be born

PAST HISTORIC		PRESENT SUBJUNCTIVE	
je	naquis	je	naisse
tu	naquis	tu	naisses
il	naquit	il	naisse
nous	naquîmes	nous	naissions
vous	naquîtes	vous	naissiez
ils	naquirent	ils	naissent

PERFECT		PAST SUBJUNCTIVE	
je	suis né	je	naquisse
tu	es né	tu	naquisses
il	est né	il	naquît
nous	sommes nés	nous	naquissions
vous	êtes né(s)	vous	naquissiez
ils	sont nés	ils	naquissent

·············· CONSTRUCTIONS ··

je suis né le 5 mars I was born on 5th March
il naît plus de filles que de garçons there are more girls born than boys
faire naître des soupçons to arouse suspicion

63 · nettoyer to clean

PRESENT

je	nettoie
tu	nettoies
il	nettoie
nous	nettoyons
vous	nettoyez
ils	nettoient

IMPERFECT

je	nettoyais
tu	nettoyais
il	nettoyait
nous	nettoyions
vous	nettoyiez
ils	nettoyaient

IMPERATIVE

nettoie
nettoyons
nettoyez

FUTURE

je	nettoierai
tu	nettoieras
il	nettoiera
nous	nettoierons
vous	nettoierez
ils	nettoieront

PRESENT PARTICIPLE

nettoyant

PAST PARTICIPLE

nettoyé

CONDITIONAL

je	nettoierais
tu	nettoierais
il	nettoierait
nous	nettoierions
vous	nettoieriez
ils	nettoieraient

nettoyer to clean

PAST HISTORIC		PRESENT SUBJUNCTIVE	
je	nettoyai	je	nettoie
tu	nettoyas	tu	nettoies
il	nettoya	il	nettoie
nous	nettoyâmes	nous	nettoyions
vous	nettoyâtes	vous	nettoyiez
ils	nettoyèrent	ils	nettoient

PERFECT		PAST SUBJUNCTIVE	
j'	ai nettoyé	je	nettoyasse
tu	as nettoyé	tu	nettoyasses
il	a nettoyé	il	nettoyât
nous	avons nettoyé	nous	nettoyassions
vous	avez nettoyé	vous	nettoyassiez
ils	ont nettoyé	ils	nettoyassent

············· CONSTRUCTIONS ··

nettoyer à sec to dry-clean

············· SIMILAR VERBS ··

aboyer to bark   appuyer to lean   employer to use
ennuyer to bore   essuyer to wipe

64 obtenir to get

PRESENT

j'	obtiens
tu	obtiens
il	obtient
nous	obtenons
vous	obtenez
ils	obtiennent

IMPERFECT

j'	obtenais
tu	obtenais
il	obtenait
nous	obtenions
vous	obteniez
ils	obtenaient

IMPERATIVE

obtiens
obtenons
obtenez

FUTURE

j'	obtiendrai
tu	obtiendras
il	obtiendra
nous	obtiendrons
vous	obtiendrez
ils	obtiendront

PRESENT PARTICIPLE

obtenant

PAST PARTICIPLE

obtenu

CONDITIONAL

j'	obtiendrais
tu	obtiendrais
il	obtiendrait
nous	obtiendrions
vous	obtiendriez
ils	obtiendraient

obtenir **to get**

PAST HISTORIC	
j'	obtins
tu	obtins
il	obtint
nous	obtînmes
vous	obtîntes
ils	obtinrent

PRESENT SUBJUNCTIVE	
j'	obtienne
tu	obtiennes
il	obtienne
nous	obtenions
vous	obteniez
ils	obtiennent

PERFECT	
j'	ai obtenu
tu	as obtenu
il	a obtenu
nous	avons obtenu
vous	avez obtenu
ils	ont obtenu

PAST SUBJUNCTIVE	
j'	obtinsse
tu	obtinsses
il	obtînt
nous	obtinssions
vous	obtinssiez
ils	obtinssent

········· *CONSTRUCTIONS* ·········

obtenir qch de qn to get sth from sb
obtenir de qn qu'il fasse qch to get sb to do sth

65 offrir to offer

PRESENT

j'	offre
tu	offres
il	offre
nous	offrons
vous	offrez
ils	offrent

IMPERFECT

j'	offrais
tu	offrais
il	offrait
nous	offrions
vous	offriez
ils	offraient

IMPERATIVE

offre
offrons
offrez

FUTURE

j'	offrirai
tu	offriras
il	offrira
nous	offrirons
vous	offrirez
ils	offriront

PRESENT PARTICIPLE

offrant

PAST PARTICIPLE

offert

CONDITIONAL

j'	offrirais
tu	offrirais
il	offrirait
nous	offririons
vous	offririez
ils	offriraient

offrir to offer

PAST HISTORIC		PRESENT SUBJUNCTIVE	
j'	offris	j'	offre
tu	offris	tu	offres
il	offrit	il	offre
nous	offrîmes	nous	offrions
vous	offrîtes	vous	offriez
ils	offrirent	ils	offrent

PERFECT		PAST SUBJUNCTIVE	
j'	ai offert	j'	offrisse
tu	as offert	tu	offrisses
il	a offert	il	offrît
nous	avons offert	nous	offrissions
vous	avez offert	vous	offrissiez
ils	ont offert	ils	offrissent

········· CONSTRUCTIONS ·········

offrir qch à qn to give sb sth; to offer sb sth
offrir de faire qch to offer to do sth
s'offrir un bon repas/un CD to treat oneself to a good meal/a CD
il s'est offert en otage/comme guide he volunteered to be *or* as a hostage/guide

········· SIMILAR VERBS ·········

souffrir to suffer

143

66 ouvrir to open

PRESENT

j'	ouvre
tu	ouvres
il	ouvre
nous	ouvrons
vous	ouvrez
ils	ouvrent

IMPERFECT

j'	ouvrais
tu	ouvrais
il	ouvrait
nous	ouvrions
vous	ouvriez
ils	ouvraient

IMPERATIVE

ouvre
ouvrons
ouvrez

FUTURE

j'	ouvrirai
tu	ouvriras
il	ouvrira
nous	ouvrirons
vous	ouvrirez
ils	ouvriront

PRESENT PARTICIPLE

ouvrant

PAST PARTICIPLE

ouvert

CONDITIONAL

j'	ouvrirais
tu	ouvrirais
il	ouvrirait
nous	ouvririons
vous	ouvririez
ils	ouvriraient

ouvrir to open

PAST HISTORIC	
j'	ouvris
tu	ouvris
il	ouvrit
nous	ouvrîmes
vous	ouvrîtes
ils	ouvrirent

PRESENT SUBJUNCTIVE	
j'	ouvre
tu	ouvres
il	ouvre
nous	ouvrions
vous	ouvriez
ils	ouvrent

PERFECT	
j'	ai ouvert
tu	as ouvert
il	a ouvert
nous	avons ouvert
vous	avez ouvert
ils	ont ouvert

PAST SUBJUNCTIVE	
j'	ouvrisse
tu	ouvrisses
il	ouvrît
nous	ouvrissions
vous	ouvrissiez
ils	ouvrissent

.... CONSTRUCTIONS ....

ouvrir une porte toute grande to open a door wide
ouvrir l'électricité/le gaz/la radio to switch *or* turn on the electricity/gas/radio
notre épicier ouvre le lundi our grocer is open on Mondays
s'ouvrir to open; to open up; to open out

.... SIMILAR VERBS ....

rouvrir to reopen

67 paraître to appear

PRESENT

je	parais
tu	parais
il	paraît
nous	paraissons
vous	paraissez
ils	paraissent

IMPERFECT

je	paraissais
tu	paraissais
il	paraissait
nous	paraissions
vous	paraissiez
ils	paraissaient

IMPERATIVE

parais
paraissons
paraissez

FUTURE

je	paraîtrai
tu	paraîtras
il	paraîtra
nous	paraîtrons
vous	paraîtrez
ils	paraîtront

PRESENT PARTICIPLE

paraissant

PAST PARTICIPLE

paru

CONDITIONAL

je	paraîtrais
tu	paraîtrais
il	paraîtrait
nous	paraîtrions
vous	paraîtriez
ils	paraîtraient

paraître to appear

PAST HISTORIC

je	parus
tu	parus
il	parut
nous	parûmes
vous	parûtes
ils	parurent

PRESENT SUBJUNCTIVE

je	paraisse
tu	paraisses
il	paraisse
nous	paraissions
vous	paraissiez
ils	paraissent

PERFECT

j'	ai paru
tu	as paru
il	a paru
nous	avons paru
vous	avez paru
ils	ont paru

PAST SUBJUNCTIVE

je	parusse
tu	parusses
il	parût
nous	parussions
vous	parussiez
ils	parussent

CONSTRUCTIONS

paraître faire qch to seem to do sth
'vient de paraître' 'just out'
'à paraître prochainement' 'out soon'
il est malade, paraît-il, il paraît qu'il est malade he's ill
apparently

SIMILAR VERBS

disparaître to disappear

147

partir to go, leave

PRESENT	
je	pars
tu	pars
il	part
nous	partons
vous	partez
ils	partent

IMPERFECT	
je	partais
tu	partais
il	partait
nous	partions
vous	partiez
ils	partaient

IMPERATIVE
pars
partons
partez

FUTURE	
je	partirai
tu	partiras
il	partira
nous	partirons
vous	partirez
ils	partiront

PRESENT PARTICIPLE
partant

PAST PARTICIPLE
parti

CONDITIONAL	
je	partirais
tu	partirais
il	partirait
nous	partirions
vous	partiriez
ils	partiraient

partir to go, leave

PAST HISTORIC		PRESENT SUBJUNCTIVE	
je	partis	je	parte
tu	partis	tu	partes
il	partit	il	parte
nous	partîmes	nous	partions
vous	partîtes	vous	partiez
ils	partirent	ils	partent

PERFECT		PAST SUBJUNCTIVE	
je	suis parti	je	partisse
tu	es parti	tu	partisses
il	est parti	il	partît
nous	sommes partis	nous	partissions
vous	êtes parti(s)	vous	partissiez
ils	sont partis	ils	partissent

········· CONSTRUCTIONS ·····································

partir en vacances/en voyage to go (off) on holiday/on a journey
à partir du 14 juillet as from the 14th of July
à partir de 10 euros from 10 euros upwards

69 passer to pass

PRESENT	
je	passe
tu	passes
il	passe
nous	passons
vous	passez
ils	passent

IMPERFECT	
je	passais
tu	passais
il	passait
nous	passions
vous	passiez
ils	passaient

IMPERATIVE
passe
passons
passez

FUTURE	
je	passerai
tu	passeras
il	passera
nous	passerons
vous	passerez
ils	passeront

PRESENT PARTICIPLE
passant

PAST PARTICIPLE
passé

CONDITIONAL	
je	passerais
tu	passerais
il	passerait
nous	passerions
vous	passeriez
ils	passeraient

passer to pass

PAST HISTORIC	
je	passai
tu	passas
il	passa
nous	passâmes
vous	passâtes
ils	passèrent

PRESENT SUBJUNCTIVE	
je	passe
tu	passes
il	passe
nous	passions
vous	passiez
ils	passent

PERFECT	
j'	ai passé
tu	as passé
il	a passé
nous	avons passé
vous	avez passé
ils	ont passé

PAST SUBJUNCTIVE	
je	passasse
tu	passasses
il	passât
nous	passassions
vous	passassiez
ils	passassent

.... CONSTRUCTIONS ....

passer en courant to run past
passer au bureau/chez un ami to call (in) at the office/at a friend's
laisser passer qn to let sb through *or* in *etc*
laisser passer une erreur to overlook a mistake
passer un examen to sit an exam

.... SIMILAR VERBS ....

dépasser to overtake   **surpasser** to surpass

payer **to pay**

PRESENT

je	paye
tu	payes
il	paye
nous	payons
vous	payez
ils	payent

IMPERFECT

je	payais
tu	payais
il	payait
nous	payions
vous	payiez
ils	payaient

IMPERATIVE

paye
payons
payez

FUTURE

je	payerai
tu	payeras
il	payera
nous	payerons
vous	payerez
ils	payeront

PRESENT PARTICIPLE

payant

PAST PARTICIPLE

payé

CONDITIONAL

je	payerais
tu	payerais
il	payerait
nous	payerions
vous	payeriez
ils	payeraient

payer to pay 70

PAST HISTORIC		PRESENT SUBJUNCTIVE	
je	payai	je	paye
tu	payas	tu	payes
il	paya	il	paye
nous	payâmes	nous	payions
vous	payâtes	vous	payiez
ils	payèrent	ils	payent

PERFECT		PAST SUBJUNCTIVE	
j'	ai payé	je	payasse
tu	as payé	tu	payasses
il	a payé	il	payât
nous	avons payé	nous	payassions
vous	avez payé	vous	payassiez
ils	ont payé	ils	payassent

CONSTRUCTIONS

être payé par chèque/à l'heure to be paid by cheque/by the
hour

est-ce qu'il t'a payé les billets? did he pay you for the tickets?

il l'a payé 10 euros he paid 10 euros for it

il l'a payé de sa vie it cost him his life

SIMILAR VERBS

balayer to sweep up   débrayer to declutch

délayer to thin down   effrayer to frighten   essayer to try

153

71 *peindre* **to paint**

PRESENT	
je	peins
tu	peins
il	peint
nous	peignons
vous	peignez
ils	peignent

IMPERFECT	
je	peignais
tu	peignais
il	peignait
nous	peignions
vous	peigniez
ils	peignaient

IMPERATIVE
peins
peignons
peignez

FUTURE	
je	peindrai
tu	peindras
il	peindra
nous	peindrons
vous	peindrez
ils	peindront

PRESENT PARTICIPLE
peignant

PAST PARTICIPLE
peint

CONDITIONAL	
je	peindrais
tu	peindrais
il	peindrait
nous	peindrions
vous	peindriez
ils	peindraient

peindre to paint

PAST HISTORIC		PRESENT SUBJUNCTIVE
je	peignis	je peigne
tu	peignis	tu peignes
il	peignit	il peigne
nous	peignîmes	nous peignions
vous	peignîtes	vous peigniez
ils	peignirent	ils peignent

PERFECT		PAST SUBJUNCTIVE
j'	ai peint	je peignisse
tu	as peint	tu peignisses
il	a peint	il peignît
nous	avons peint	nous peignissions
vous	avez peint	vous peignissiez
ils	ont peint	ils peignissent

.... CONSTRUCTIONS ....

peindre qch en bleu/à l'huile to paint sth blue/in oils

.... SIMILAR VERBS ....

atteindre to reach   déteindre to lose its colour

enfreindre to infringe   éteindre to put out   teindre to dye

perdre **to lose**

PRESENT	
je	perds
tu	perds
il	perd
nous	perdons
vous	perdez
ils	perdent

IMPERFECT	
je	perdais
tu	perdais
il	perdait
nous	perdions
vous	perdiez
ils	perdaient

IMPERATIVE
perds
perdons
perdez

FUTURE	
je	perdrai
tu	perdras
il	perdra
nous	perdrons
vous	perdrez
ils	perdront

PRESENT PARTICIPLE
perdant

PAST PARTICIPLE
perdu

CONDITIONAL	
je	perdrais
tu	perdrais
il	perdrait
nous	perdrions
vous	perdriez
ils	perdraient

perdre to lose

PAST HISTORIC	
je	perdis
tu	perdis
il	perdit
nous	perdîmes
vous	perdîtes
ils	perdirent

PRESENT SUBJUNCTIVE	
je	perde
tu	perdes
il	perde
nous	perdions
vous	perdiez
ils	perdent

PERFECT	
j'	ai perdu
tu	as perdu
il	a perdu
nous	avons perdu
vous	avez perdu
ils	ont perdu

PAST SUBJUNCTIVE	
je	perdisse
tu	perdisses
il	perdît
nous	perdissions
vous	perdissiez
ils	perdissent

.... CONSTRUCTIONS ....

perdre qn/qch de vue to lose sight of sb/sth
perdre espoir/connaissance/du poids to lose hope/conscious-ness/weight
tu perds ton temps à essayer you're wasting your time trying
se perdre to get lost; to disappear

permettre **to allow**

PRESENT	
je	permets
tu	permets
il	permet
nous	permettons
vous	permettez
ils	permettent

IMPERFECT	
je	permettais
tu	permettais
il	permettait
nous	permettions
vous	permettiez
ils	permettaient

IMPERATIVE
permets
permettons
permettez

FUTURE	
je	permettrai
tu	permettras
il	permettra
nous	permettrons
vous	permettrez
ils	permettront

PRESENT PARTICIPLE
permettant

PAST PARTICIPLE
permis

CONDITIONAL	
je	permettrais
tu	permettrais
il	permettrait
nous	permettrions
vous	permettriez
ils	permettraient

permettre to allow 73

PAST HISTORIC

je	permis
tu	permis
il	permit
nous	permîmes
vous	permîtes
ils	permirent

PRESENT SUBJUNCTIVE

je	permette
tu	permettes
il	permette
nous	permettions
vous	permettiez
ils	permettent

PERFECT

j'	ai permis
tu	as permis
il	a permis
nous	avons permis
vous	avez permis
ils	ont permis

PAST SUBJUNCTIVE

je	permisse
tu	permisses
il	permît
nous	permissions
vous	permissiez
ils	permissent

CONSTRUCTIONS

permettre à qn de faire qch to allow sb to do sth
permettre qch à qn to allow sb sth
mes moyens ne me le permettent pas I can't afford it
permettez-moi de vous présenter ma sœur may I introduce my
sister?

plaire **to please**

PRESENT		IMPERFECT	
je	plais	je	plaisais
tu	plais	tu	plaisais
il	plaît	il	plaisait
nous	plaisons	nous	plaisions
vous	plaisez	vous	plaisiez
ils	plaisent	ils	plaisaient

IMPERATIVE	FUTURE	
plais	je	plairai
plaisons	tu	plairas
plaisez	il	plaira
	nous	plairons
	vous	plairez
	ils	plairont

PRESENT PARTICIPLE	CONDITIONAL	
plaisant	je	plairais
	tu	plairais
	il	plairait
PAST PARTICIPLE	nous	plairions
	vous	plairiez
plu	ils	plairaient

plaire to please 74

PAST HISTORIC		PRESENT SUBJUNCTIVE	
je	plus	je	plaise
tu	plus	tu	plaises
il	plut	il	plaise
nous	plûmes	nous	plaisions
vous	plûtes	vous	plaisiez
ils	plurent	ils	plaisent

PERFECT		PAST SUBJUNCTIVE	
j'	ai plu	je	plusse
tu	as plu	tu	plusses
il	a plu	il	plût
nous	avons plu	nous	plussions
vous	avez plu	vous	plussiez
ils	ont plu	ils	plussent

.... CONSTRUCTIONS ....

sa maison lui plaît she likes her house
il cherche à plaire à tout le monde he tries to please
everybody
j'irai si ça me plaît I'll go if I feel like it
s'il te plaît, s'il vous plaît please
il se plaît à Paris he likes being in Paris

.... SIMILAR VERBS ....

déplaire to displease

161

pleuvoir to rain

PRESENT
il **pleut**

IMPERFECT
il **pleuvait**

IMPERATIVE
not used

FUTURE
il **pleuvra**

PRESENT PARTICIPLE
pleuvant

CONDITIONAL
il **pleuvrait**

PAST PARTICIPLE
plu

pleuvoir to rain

PAST HISTORIC	PRESENT SUBJUNCTIVE
il plut	**il** pleuve

PERFECT	PAST SUBJUNCTIVE
il a plu	**il** plût

CONSTRUCTIONS

il pleut it's raining
il pleut à verse it's pouring

PRESENT		IMPERFECT	
je	pourvois	**je**	pourvoyais
tu	pourvois	**tu**	pourvoyais
il	pourvoit	**il**	pourvoyait
nous	pourvoyons	**nous**	pourvoyions
vous	pourvoyez	**vous**	pourvoyiez
ils	pourvoient	**ils**	pourvoyaient

IMPERATIVE		FUTURE	
	pourvois	**je**	pourvoirai
	pourvoyons	**tu**	pourvoiras
	pourvoyez	**il**	pourvoira
		nous	pourvoirons
		vous	pourvoirez
		ils	pourvoiront

PRESENT PARTICIPLE

pourvoyant

PAST PARTICIPLE

pourvu

CONDITIONAL	
je	pourvoirais
tu	pourvoirais
il	pourvoirait
nous	pourvoirions
vous	pourvoiriez
ils	pourvoiraient

pourvoir to provide

PAST HISTORIC	
je	pourvus
tu	pourvus
il	pourvut
nous	pourvûmes
vous	pourvûtes
ils	pourvurent

PRESENT SUBJUNCTIVE	
je	pourvoie
tu	pourvoies
il	pourvoie
nous	pourvoyions
vous	pourvoyiez
ils	pourvoient

PERFECT	
j'	ai pourvu
tu	as pourvu
il	a pourvu
nous	avons pourvu
vous	avez pourvu
ils	ont pourvu

PAST SUBJUNCTIVE	
je	pourvusse
tu	pourvusses
il	pourvût
nous	pourvussions
vous	pourvussiez
ils	pourvussent

·············· CONSTRUCTIONS ··············

pourvoir qch de qch to equip sth with sth
pourvoir aux besoins de qn to provide for sb's needs

pouvoir to be able

PRESENT

je	peux
tu	peux
il	peut
nous	pouvons
vous	pouvez
ils	peuvent

IMPERFECT

je	pouvais
tu	pouvais
il	pouvait
nous	pouvions
vous	pouviez
ils	pouvaient

IMPERATIVE

not used

FUTURE

je	pourrai
tu	pourras
il	pourra
nous	pourrons
vous	pourrez
ils	pourront

PRESENT PARTICIPLE

pouvant

PAST PARTICIPLE

pu

CONDITIONAL

je	pourrais
tu	pourrais
il	pourrait
nous	pourrions
vous	pourriez
ils	pourraient

pouvoir to be able

PAST HISTORIC	
je	pus
tu	pus
il	put
nous	pûmes
vous	pûtes
ils	purent

PRESENT SUBJUNCTIVE	
je	puisse
tu	puisses
il	puisse
nous	puissions
vous	puissiez
ils	puissent

PERFECT	
j'	ai pu
tu	as pu
il	a pu
nous	avons pu
vous	avez pu
ils	ont pu

PAST SUBJUNCTIVE	
je	pusse
tu	pusses
il	pût
nous	pussions
vous	pussiez
ils	pussent

.... CONSTRUCTIONS ....

pouvoir faire to be able to do
il ne peut pas venir he can't come
il n'en peut plus he's tired out; he's had enough
il a été on ne peut plus aimable he couldn't have been kinder

78 prendre to take

PRESENT	
je	prends
tu	prends
il	prend
nous	prenons
vous	prenez
ils	prennent

IMPERFECT	
je	prenais
tu	prenais
il	prenait
nous	prenions
vous	preniez
ils	prenaient

IMPERATIVE
prends
prenons
prenez

FUTURE	
je	prendrai
tu	prendras
il	prendra
nous	prendrons
vous	prendrez
ils	prendront

PRESENT PARTICIPLE
prenant

PAST PARTICIPLE
pris

CONDITIONAL	
je	prendrais
tu	prendrais
il	prendrait
nous	prendrions
vous	prendriez
ils	prendraient

prendre to take 78

PAST HISTORIC		PRESENT SUBJUNCTIVE	
je	pris	je	prenne
tu	pris	tu	prennes
il	prit	il	prenne
nous	prîmes	nous	prenions
vous	prîtes	vous	preniez
ils	prirent	ils	prennent

PERFECT		PAST SUBJUNCTIVE	
j'	ai pris	je	prisse
tu	as pris	tu	prisses
il	a pris	il	prît
nous	avons pris	nous	prissions
vous	avez pris	vous	prissiez
ils	ont pris	ils	prissent

.... CONSTRUCTIONS ....

prendre qch à qn to take sth from sb
il l'a pris dans un tiroir/sur la table he took it out of a drawer/from the table
prendre feu to catch fire
prendre qn en amitié/en aversion to take a liking/a dislike to sb

.... SIMILAR VERBS ....

entreprendre to undertake   se méprendre to be mistaken
surprendre to surprise

169

79 promettre to promise

PRESENT

je	promets
tu	promets
il	promet
nous	promettons
vous	promettez
ils	promettent

IMPERFECT

je	promettais
tu	promettais
il	promettait
nous	promettions
vous	promettiez
ils	promettaient

IMPERATIVE

promets
promettons
promettez

FUTURE

je	promettrai
tu	promettras
il	promettra
nous	promettrons
vous	promettrez
ils	promettront

PRESENT PARTICIPLE

promettant

PAST PARTICIPLE

promis

CONDITIONAL

je	promettrais
tu	promettrais
il	promettrait
nous	promettrions
vous	promettriez
ils	promettraient

promettre to promise

PAST HISTORIC	
je	promis
tu	promis
il	promit
nous	promîmes
vous	promîtes
ils	promirent

PRESENT SUBJUNCTIVE	
je	promette
tu	promettes
il	promette
nous	promettions
vous	promettiez
ils	promettent

PERFECT	
j'	ai promis
tu	as promis
il	a promis
nous	avons promis
vous	avez promis
ils	ont promis

PAST SUBJUNCTIVE	
je	promisse
tu	promisses
il	promît
nous	promissions
vous	promissiez
ils	promissent

.... CONSTRUCTIONS ....

promettre qch à qn to promise sth to sb
promettre à qn de faire qch to promise sb that one will do sth
on nous promet du beau temps we're in for some fine
weather, they say
se promettre de faire to resolve to do

.... SIMILAR VERBS ....

compromettre to compromise

protéger **to protect**

PRESENT	
je	protège
tu	protèges
il	protège
nous	protégeons
vous	protégez
ils	protègent

IMPERFECT	
je	protégeais
tu	protégeais
il	protégeait
nous	protégions
vous	protégiez
ils	protégeaient

IMPERATIVE
protège
protégeons
protégez

FUTURE	
je	protégerai
tu	protégeras
il	protégera
nous	protégerons
vous	protégerez
ils	protégeront

PRESENT PARTICIPLE
protégeant

PAST PARTICIPLE
protégé

CONDITIONAL	
je	protégerais
tu	protégerais
il	protégerait
nous	protégerions
vous	protégeriez
ils	protégeraient

protéger to protect

<table>
<tr><td colspan="2">PAST HISTORIC</td></tr>
<tr><td>je</td><td>protégeai</td></tr>
<tr><td>tu</td><td>protégeas</td></tr>
<tr><td>il</td><td>protégea</td></tr>
<tr><td>nous</td><td>protégeâmes</td></tr>
<tr><td>vous</td><td>protégeâtes</td></tr>
<tr><td>ils</td><td>protégèrent</td></tr>
</table>

<table>
<tr><td colspan="2">PRESENT SUBJUNCTIVE</td></tr>
<tr><td>je</td><td>protège</td></tr>
<tr><td>tu</td><td>protèges</td></tr>
<tr><td>il</td><td>protège</td></tr>
<tr><td>nous</td><td>protégions</td></tr>
<tr><td>vous</td><td>protégiez</td></tr>
<tr><td>ils</td><td>protègent</td></tr>
</table>

<table>
<tr><td colspan="2">PERFECT</td></tr>
<tr><td>j'</td><td>ai protégé</td></tr>
<tr><td>tu</td><td>as protégé</td></tr>
<tr><td>il</td><td>a protégé</td></tr>
<tr><td>nous</td><td>avons protégé</td></tr>
<tr><td>vous</td><td>avez protégé</td></tr>
<tr><td>ils</td><td>ont protégé</td></tr>
</table>

<table>
<tr><td colspan="2">PAST SUBJUNCTIVE</td></tr>
<tr><td>je</td><td>protégeasse</td></tr>
<tr><td>tu</td><td>protégeasses</td></tr>
<tr><td>il</td><td>protégeât</td></tr>
<tr><td>nous</td><td>protégeassions</td></tr>
<tr><td>vous</td><td>protégeassiez</td></tr>
<tr><td>ils</td><td>protégeassent</td></tr>
</table>

.... CONSTRUCTIONS ....

se protéger de qch/contre qch to protect oneself from
sth/against sth

.... SIMILAR VERBS ....

abréger to shorten   alléger to lighten   assiéger to besiege
piéger to booby-trap

recevoir to receive

PRESENT

je	reçois
tu	reçois
il	reçoit
nous	recevons
vous	recevez
ils	reçoivent

IMPERFECT

je	recevais
tu	recevais
il	recevait
nous	recevions
vous	receviez
ils	recevaient

IMPERATIVE

reçois
recevons
recevez

FUTURE

je	recevrai
tu	recevras
il	recevra
nous	recevrons
vous	recevrez
ils	recevront

PRESENT PARTICIPLE

recevant

PAST PARTICIPLE

reçu

CONDITIONAL

je	recevrais
tu	recevrais
il	recevrait
nous	recevrions
vous	recevriez
ils	recevraient

PAST HISTORIC	
je	reçus
tu	reçus
il	reçut
nous	reçûmes
vous	reçûtes
ils	reçurent

PRESENT SUBJUNCTIVE	
je	reçoive
tu	reçoives
il	reçoive
nous	recevions
vous	receviez
ils	reçoivent

PERFECT	
j'	ai reçu
tu	as reçu
il	a reçu
nous	avons reçu
vous	avez reçu
ils	ont reçu

PAST SUBJUNCTIVE	
je	reçusse
tu	reçusses
il	reçût
nous	reçussions
vous	reçussiez
ils	reçussent

.... CONSTRUCTIONS ....

recevoir un cadeau de qn to receive a present from sb
être reçu à un examen to pass an exam
être reçu à l'université to get a place at university
il a reçu un coup de pied he got kicked

.... SIMILAR VERBS ....

apercevoir to see   décevoir to disappoint
percevoir to perceive

PRESENT	
je	rends
tu	rends
il	rend
nous	rendons
vous	rendez
ils	rendent

IMPERFECT	
je	rendais
tu	rendais
il	rendait
nous	rendions
vous	rendiez
ils	rendaient

IMPERATIVE
rends
rendons
rendez

FUTURE	
je	rendrai
tu	rendras
il	rendra
nous	rendrons
vous	rendrez
ils	rendront

PRESENT PARTICIPLE
rendant

PAST PARTICIPLE
rendu

CONDITIONAL	
je	rendrais
tu	rendrais
il	rendrait
nous	rendrions
vous	rendriez
ils	rendraient

PAST HISTORIC		PRESENT SUBJUNCTIVE	
je	rendis	**je**	rende
tu	rendis	**tu**	rendes
il	rendit	**il**	rende
nous	rendîmes	**nous**	rendions
vous	rendîtes	**vous**	rendiez
ils	rendirent	**ils**	rendent

PERFECT		PAST SUBJUNCTIVE	
j'	ai rendu	**je**	rendisse
tu	as rendu	**tu**	rendisses
il	a rendu	**il**	rendît
nous	avons rendu	**nous**	rendissions
vous	avez rendu	**vous**	rendissiez
ils	ont rendu	**ils**	rendissent

.... *CONSTRUCTIONS* ....

rendre qch à qn to give sth back to sb
rendre qn heureux to make sb happy
rendre visite à qn to pay sb a visit
se rendre to surrender
se rendre compte de qch to realize sth

rentrer to go back; to go in

PRESENT

je	rentre
tu	rentres
il	rentre
nous	rentrons
vous	rentrez
ils	rentrent

IMPERFECT

je	rentrais
tu	rentrais
il	rentrait
nous	rentrions
vous	rentriez
ils	rentraient

IMPERATIVE

rentre
rentrons
rentrez

FUTURE

je	rentrerai
tu	rentreras
il	rentrera
nous	rentrerons
vous	rentrerez
ils	rentreront

PRESENT PARTICIPLE

rentrant

PAST PARTICIPLE

rentré

CONDITIONAL

je	rentrerais
tu	rentrerais
il	rentrerait
nous	rentrerions
vous	rentreriez
ils	rentreraient

rentrer to go back; to go in

PAST HISTORIC	
je	rentrai
tu	rentras
il	rentra
nous	rentrâmes
vous	rentrâtes
ils	rentrèrent

PRESENT SUBJUNCTIVE	
je	rentre
tu	rentres
il	rentre
nous	rentrions
vous	rentriez
ils	rentrent

PERFECT	
je	suis rentré
tu	es rentré
il	est rentré
nous	sommes rentrés
vous	êtes rentré(s)
ils	sont rentrés

PAST SUBJUNCTIVE	
je	rentrasse
tu	rentrasses
il	rentrât
nous	rentrassions
vous	rentrassiez
ils	rentrassent

········· CONSTRUCTIONS ·········

rentrer à la maison to go back home
rentrer dans une firme to join a firm
rentrer dans un arbre to crash into a tree
il a rentré la voiture he put the car away
rentrer ses griffes to draw in one's claws

84 répondre **to answer**

PRESENT	
je	réponds
tu	réponds
il	répond
nous	répondons
vous	répondez
ils	répondent

IMPERFECT	
je	répondais
tu	répondais
il	répondait
nous	répondions
vous	répondiez
ils	répondaient

IMPERATIVE
réponds
répondons
répondez

FUTURE	
je	répondrai
tu	répondras
il	répondra
nous	répondrons
vous	répondrez
ils	répondront

PRESENT PARTICIPLE
répondant

PAST PARTICIPLE
répondu

CONDITIONAL	
je	répondrais
tu	répondrais
il	répondrait
nous	répondrions
vous	répondriez
ils	répondraient

répondre to answer

PAST HISTORIC		PRESENT SUBJUNCTIVE	
je	répondis	je	réponde
tu	répondis	tu	répondes
il	répondit	il	réponde
nous	répondîmes	nous	répondions
vous	répondîtes	vous	répondiez
ils	répondirent	ils	répondent

PERFECT		PAST SUBJUNCTIVE	
j'	ai répondu	je	répondisse
tu	as répondu	tu	répondisses
il	a répondu	il	répondît
nous	avons répondu	nous	répondissions
vous	avez répondu	vous	répondissiez
ils	ont répondu	ils	répondissent

.... CONSTRUCTIONS ....

répondre à qn/à une question to answer sb/a question
on a sonné – va répondre that's the bell – go and answer the door
ça ne répond pas there's no reply
répondre de qn to answer for sb

.... SIMILAR VERBS ....

confondre to confuse   correspondre to correspond
tondre to shear

résoudre **to solve**

PRESENT	
je	résous
tu	résous
il	résout
nous	résolvons
vous	résolvez
ils	résolvent

IMPERFECT	
je	résolvais
tu	résolvais
il	résolvait
nous	résolvions
vous	résolviez
ils	résolvaient

IMPERATIVE
résous
résolvons
résolvez

FUTURE	
je	résoudrai
tu	résoudras
il	résoudra
nous	résoudrons
vous	résoudrez
ils	résoudront

PRESENT PARTICIPLE
résolvant

PAST PARTICIPLE
résolu

CONDITIONAL	
je	résoudrais
tu	résoudrais
il	résoudrait
nous	résoudrions
vous	résoudriez
ils	résoudraient

résoudre to solve

PAST HISTORIC	
je	résolus
tu	résolus
il	résolut
nous	résolûmes
vous	résolûtes
ils	résolurent

PRESENT SUBJUNCTIVE	
je	résolve
tu	résolves
il	résolve
nous	résolvions
vous	résolviez
ils	résolvent

PERFECT	
j'	ai résolu
tu	as résolu
il	a résolu
nous	avons résolu
vous	avez résolu
ils	ont résolu

PAST SUBJUNCTIVE	
je	résolusse
tu	résolusses
il	résolût
nous	résolussions
vous	résolussiez
ils	résolussent

·············· CONSTRUCTIONS ··············

se résoudre à faire qch to resolve to do sth
être résolu à faire to be set on doing

rester to remain

PRESENT	
je	reste
tu	restes
il	reste
nous	restons
vous	restez
ils	restent

IMPERFECT	
je	restais
tu	restais
il	restait
nous	restions
vous	restiez
ils	restaient

IMPERATIVE
reste
restons
restez

FUTURE	
je	resterai
tu	resteras
il	restera
nous	resterons
vous	resterez
ils	resteront

PRESENT PARTICIPLE
restant

PAST PARTICIPLE
resté

CONDITIONAL	
je	resterais
tu	resterais
il	resterait
nous	resterions
vous	resteriez
ils	resteraient

rester **to remain**

PAST HISTORIC	
je	restai
tu	restas
il	resta
nous	restâmes
vous	restâtes
ils	restèrent

PRESENT SUBJUNCTIVE	
je	reste
tu	restes
il	reste
nous	restions
vous	restiez
ils	restent

PERFECT	
je	suis resté
tu	es resté
il	est resté
nous	sommes restés
vous	êtes resté(s)
ils	sont restés

PAST SUBJUNCTIVE	
je	restasse
tu	restasses
il	restât
nous	restassions
vous	restassiez
ils	restassent

············ CONSTRUCTIONS ···

il est resté à regarder la télévision he stayed watching television
c'est tout l'argent qui leur reste that's all the money they have left
il reste encore un peu de pain there's still a little bread left

retourner to return

PRESENT

je	retourne
tu	retournes
il	retourne
nous	retournons
vous	retournez
ils	retournent

IMPERFECT

je	retournais
tu	retournais
il	retournait
nous	retournions
vous	retourniez
ils	retournaient

IMPERATIVE

retourne
retournons
retournez

FUTURE

je	retournerai
tu	retourneras
il	retournera
nous	retournerons
vous	retournerez
ils	retourneront

PRESENT PARTICIPLE

retournant

PAST PARTICIPLE

retourné

CONDITIONAL

je	retournerais
tu	retournerais
il	retournerait
nous	retournerions
vous	retourneriez
ils	retourneraient

retourner to return

PAST HISTORIC		PRESENT SUBJUNCTIVE	
je	retournai	je	retourne
tu	retournas	tu	retournes
il	retourna	il	retourne
nous	retournâmes	nous	retournions
vous	retournâtes	vous	retourniez
ils	retournèrent	ils	retournent

PERFECT		PAST SUBJUNCTIVE	
je	suis retourné	je	retournasse
tu	es retourné	tu	retournasses
il	est retourné	il	retournât
nous	sommes retournés	nous	retournassions
vous	êtes retourné(s)	vous	retournassiez
ils	sont retournés	ils	retournassent

········· CONSTRUCTIONS ·································

il a retourné le seau/sac he turned the bucket upside down/the bag inside out
il a retourné les marchandises he sent the goods back
retourner en Italie to go back to Italy
se retourner to turn over; to turn round

PRESENT		IMPERFECT	
je	reviens	je	revenais
tu	reviens	tu	revenais
il	revient	il	revenait
nous	revenons	nous	revenions
vous	revenez	vous	reveniez
ils	reviennent	ils	revenaient

IMPERATIVE

reviens
revenons
revenez

FUTURE	
je	reviendrai
tu	reviendras
il	reviendra
nous	reviendrons
vous	reviendrez
ils	reviendront

PRESENT PARTICIPLE

revenant

PAST PARTICIPLE

revenu

CONDITIONAL	
je	reviendrais
tu	reviendrais
il	reviendrait
nous	reviendrions
vous	reviendriez
ils	reviendraient

revenir to come back

PAST HISTORIC	
je	revins
tu	revins
il	revint
nous	revînmes
vous	revîntes
ils	revinrent

PRESENT SUBJUNCTIVE	
je	revienne
tu	reviennes
il	revienne
nous	revenions
vous	reveniez
ils	reviennent

PERFECT	
je	suis revenu
tu	es revenu
il	est revenu
nous	sommes revenus
vous	êtes revenu(s)
ils	sont revenus

PAST SUBJUNCTIVE	
je	revinsse
tu	revinsses
il	revînt
nous	revinssions
vous	revinssiez
ils	revinssent

.... CONSTRUCTIONS ....

le repas revient à 70 euros the meal comes to 70 euros
il est revenu à Paris he came back to Paris
il est revenu de Paris he's back from Paris
revenir sur une promesse to go back on a promise
revenir sur ses pas to retrace one's steps

rire to laugh

PRESENT	
je	ris
tu	ris
il	rit
nous	rions
vous	riez
ils	rient

IMPERFECT	
je	riais
tu	riais
il	riait
nous	riions
vous	riiez
ils	riaient

IMPERATIVE
ris
rions
riez

FUTURE	
je	rirai
tu	riras
il	rira
nous	rirons
vous	rirez
ils	riront

PRESENT PARTICIPLE
riant

PAST PARTICIPLE
ri

CONDITIONAL	
je	rirais
tu	rirais
il	rirait
nous	ririons
vous	ririez
ils	riraient

PAST HISTORIC		PRESENT SUBJUNCTIVE	
je	ris	je	rie
tu	ris	tu	ries
il	rit	il	rie
nous	rîmes	nous	riions
vous	rîtes	vous	riiez
ils	rirent	ils	rient

PERFECT		PAST SUBJUNCTIVE	
j'	ai ri	je	risse
tu	as ri	tu	risses
il	a ri	il	rît
nous	avons ri	nous	rissions
vous	avez ri	vous	rissiez
ils	ont ri	ils	rissent

.... CONSTRUCTIONS ....

rire de qn/qch to laugh at sb/sth
il a fait cela pour rire he did it for a joke
rire aux éclats to roar with laughter

.... SIMILAR VERBS ....

sourire to smile

rompre to break

<table>
<tr><td colspan="2">

PRESENT

je	romps
tu	romps
il	rompt
nous	rompons
vous	rompez
ils	rompent

</td><td colspan="2">

IMPERFECT

je	rompais
tu	rompais
il	rompait
nous	rompions
vous	rompiez
ils	rompaient

</td></tr>
</table>

IMPERATIVE

romps
rompons
rompez

FUTURE

je	romprai
tu	rompras
il	rompra
nous	romprons
vous	romprez
ils	rompront

PRESENT PARTICIPLE

rompant

PAST PARTICIPLE

rompu

CONDITIONAL

je	romprais
tu	romprais
il	romprait
nous	romprions
vous	rompriez
ils	rompraient

rompre **to break** 90

PAST HISTORIC		PRESENT SUBJUNCTIVE	
je	rompis	je	rompe
tu	rompis	tu	rompes
il	rompit	il	rompe
nous	rompîmes	nous	rompions
vous	rompîtes	vous	rompiez
ils	rompirent	ils	rompent

PERFECT		PAST SUBJUNCTIVE	
j'	ai rompu	je	rompisse
tu	as rompu	tu	rompisses
il	a rompu	il	rompît
nous	avons rompu	nous	rompissions
vous	avez rompu	vous	rompissiez
ils	ont rompu	ils	rompissent

·············· *CONSTRUCTIONS* ··············

ils ont rompu (leurs fiançailles) they've broken off their
engagement
rompre les rangs to fall out
se rompre to break; to burst
être rompu (de fatigue) to be exhausted

·············· *SIMILAR VERBS* ··············

corrompre to corrupt   **interrompre** to interrupt

91 · *savoir* **to know**

PRESENT

je	sais
tu	sais
il	sait
nous	savons
vous	savez
ils	savent

IMPERFECT

je	savais
tu	savais
il	savait
nous	savions
vous	saviez
ils	savaient

IMPERATIVE

sache
sachons
sachez

FUTURE

je	saurai
tu	sauras
il	saura
nous	saurons
vous	saurez
ils	sauront

PRESENT PARTICIPLE

sachant

PAST PARTICIPLE

su

CONDITIONAL

je	saurais
tu	saurais
il	saurait
nous	saurions
vous	sauriez
ils	sauraient

savoir to know

PAST HISTORIC	
je	sus
tu	sus
il	sut
nous	sûmes
vous	sûtes
ils	surent

PRESENT SUBJUNCTIVE	
je	sache
tu	saches
il	sache
nous	sachions
vous	sachiez
ils	sachent

PERFECT	
j'	ai su
tu	as su
il	a su
nous	avons su
vous	avez su
ils	ont su

PAST SUBJUNCTIVE	
je	susse
tu	susses
il	sût
nous	sussions
vous	sussiez
ils	sussent

············· CONSTRUCTIONS ··

savoir faire to know how to do; to be able to do
je ne sais pas quoi faire I don't know what to do
je vous ferai savoir I'll let you know
à savoir that is, namely
on ne sait jamais you never can tell

sentir to smell; to feel

PRESENT

je	sens
tu	sens
il	sent
nous	sentons
vous	sentez
ils	sentent

IMPERFECT

je	sentais
tu	sentais
il	sentait
nous	sentions
vous	sentiez
ils	sentaient

IMPERATIVE

sens
sentons
sentez

FUTURE

je	sentirai
tu	sentiras
il	sentira
nous	sentirons
vous	sentirez
ils	sentiront

PRESENT PARTICIPLE

sentant

PAST PARTICIPLE

senti

CONDITIONAL

je	sentirais
tu	sentirais
il	sentirait
nous	sentirions
vous	sentiriez
ils	sentiraient

sentir to smell; to feel

PAST HISTORIC	
je	sentis
tu	sentis
il	sentit
nous	sentîmes
vous	sentîtes
ils	sentirent

PRESENT SUBJUNCTIVE	
je	sente
tu	sentes
il	sente
nous	sentions
vous	sentiez
ils	sentent

PERFECT	
j'	ai senti
tu	as senti
il	a senti
nous	avons senti
vous	avez senti
ils	ont senti

PAST SUBJUNCTIVE	
je	sentisse
tu	sentisses
il	sentît
nous	sentissions
vous	sentissiez
ils	sentissent

.... CONSTRUCTIONS ....

sentir bon/mauvais to smell good *or* nice/bad
j'ai senti s'arrêter la voiture I felt the car stopping
se sentir mal/mieux to feel ill/better

.... SIMILAR VERBS ....

consentir to agree   démentir to deny   mentir to lie
ressentir to feel

servir to serve

PRESENT		IMPERFECT	
je	sers	je	servais
tu	sers	tu	servais
il	sert	il	servait
nous	servons	nous	servions
vous	servez	vous	serviez
ils	servent	ils	servaient

IMPERATIVE	FUTURE	
sers	je	servirai
servons	tu	serviras
servez	il	servira
	nous	servirons
	vous	servirez
	ils	serviront

PRESENT PARTICIPLE

servant

PAST PARTICIPLE

servi

CONDITIONAL	
je	servirais
tu	servirais
il	servirait
nous	servirions
vous	serviriez
ils	serviraient

PAST HISTORIC		PRESENT SUBJUNCTIVE	
je	servis	**je**	serve
tu	servis	**tu**	serves
il	servit	**il**	serve
nous	servîmes	**nous**	servions
vous	servîtes	**vous**	serviez
ils	servirent	**ils**	servent

PERFECT		PAST SUBJUNCTIVE	
j'	ai servi	**je**	servisse
tu	as servi	**tu**	servisses
il	a servi	**il**	servît
nous	avons servi	**nous**	servissions
vous	avez servi	**vous**	servissiez
ils	ont servi	**ils**	servissent

CONSTRUCTIONS

servir un plat à qn to serve sb with a dish
servir à qn/à qch to be useful to sb/for sth
servir à faire to be used for doing
à quoi sert de pleurer? what's the use of crying?
servir de to act as; to serve as
se servir d'un plat to help oneself to a dish

PRESENT		IMPERFECT	
je	songe	je	songeais
tu	songes	tu	songeais
il	songe	il	songeait
nous	songeons	nous	songions
vous	songez	vous	songiez
ils	songent	ils	songeaient

IMPERATIVE	FUTURE	
songe	je	songerai
songeons	tu	songeras
songez	il	songera
	nous	songerons
	vous	songerez
	ils	songeront

PRESENT PARTICIPLE

songeant

PAST PARTICIPLE

songé

CONDITIONAL	
je	songerais
tu	songerais
il	songerait
nous	songerions
vous	songeriez
ils	songeraient

PAST HISTORIC		PRESENT SUBJUNCTIVE	
je	songeai	**je**	songe
tu	songeas	**tu**	songes
il	songea	**il**	songe
nous	songeâmes	**nous**	songions
vous	songeâtes	**vous**	songiez
ils	songèrent	**ils**	songent

PERFECT		PAST SUBJUNCTIVE	
j'	ai songé	**je**	songeasse
tu	as songé	**tu**	songeasses
il	a songé	**il**	songeât
nous	avons songé	**nous**	songeassions
vous	avez songé	**vous**	songeassiez
ils	ont songé	**ils**	songeassent

.... CONSTRUCTIONS ....

songer à qch to think sth over; to think of sth
songer à faire qch to contemplate doing sth

.... SIMILAR VERBS ....

plonger to dive   prolonger to prolong
rallonger to lengthen   ronger to gnaw

95 sortir to go out

PRESENT

je	sors
tu	sors
il	sort
nous	sortons
vous	sortez
ils	sortent

IMPERFECT

je	sortais
tu	sortais
il	sortait
nous	sortions
vous	sortiez
ils	sortaient

IMPERATIVE

sors
sortons
sortez

FUTURE

je	sortirai
tu	sortiras
il	sortira
nous	sortirons
vous	sortirez
ils	sortiront

PRESENT PARTICIPLE

sortant

PAST PARTICIPLE

sorti

CONDITIONAL

je	sortirais
tu	sortirais
il	sortirait
nous	sortirions
vous	sortiriez
ils	sortiraient

PAST HISTORIC		PRESENT SUBJUNCTIVE	
je	sortis	**je**	sorte
tu	sortis	**tu**	sortes
il	sortit	**il**	sorte
nous	sortîmes	**nous**	sortions
vous	sortîtes	**vous**	sortiez
ils	sortirent	**ils**	sortent

PERFECT		PAST SUBJUNCTIVE	
je	suis sorti	**je**	sortisse
tu	es sorti	**tu**	sortisses
il	est sorti	**il**	sortît
nous	sommes sortis	**nous**	sortissions
vous	êtes sorti(s)	**vous**	sortissiez
ils	sont sortis	**ils**	sortissent

.... CONSTRUCTIONS ....

sortir d'une pièce/d'un pays to go (*or* come) out of a
room/leave a country
il a sorti la voiture du garage he got the car out of the garage
sortir le chien to take the dog out

.... SIMILAR VERBS ....

ressortir to stand out

PRESENT

je	me souviens
tu	te souviens
il	se souvient
nous	nous souvenons
vous	vous souvenez
ils	se souviennent

IMPERFECT

je	me souvenais
tu	te souvenais
il	se souvenait
nous	nous souvenions
vous	vous souveniez
ils	se souvenaient

IMPERATIVE

souviens-toi
souvenons-nous
souvenez-vous

FUTURE

je	me souviendrai
tu	te souviendras
il	se souviendra
nous	nous souviendrons
vous	vous souviendrez
ils	se souviendront

PRESENT PARTICIPLE

se souvenant

PAST PARTICIPLE

souvenu

CONDITIONAL

je	me souviendrais
tu	te souviendrais
il	se souviendrait
nous	nous souviendrions
vous	vous souviendriez
ils	se souviendraient

<table>
<tr><td colspan="2">PAST HISTORIC</td></tr>
</table>

je	me souvins
tu	te souvins
il	se souvint
nous	nous souvînmes
vous	vous souvîntes
ils	se souvinrent

<table>
<tr><td colspan="2">PRESENT SUBJUNCTIVE</td></tr>
</table>

je	me souvienne
tu	te souviennes
il	se souvienne
nous	nous souvenions
vous	vous souveniez
ils	se souviennent

<table>
<tr><td colspan="2">PERFECT</td></tr>
</table>

je	me suis souvenu
tu	t'es souvenu
il	s'est souvenu
nous	nous sommes souvenus
vous	vous êtes souvenu(s)
ils	se sont souvenus

<table>
<tr><td colspan="2">PAST SUBJUNCTIVE</td></tr>
</table>

je	me souvinsse
tu	te souvinsses
il	se souvînt
nous	nous souvinssions
vous	vous souvinssiez
ils	se souvinssent

.... CONSTRUCTIONS ....

se souvenir de qn/qch to remember sb/sth
se souvenir d'avoir fait qch to remember doing sth

suffire **to be enough**

PRESENT	
je	suffis
tu	suffis
il	suffit
nous	suffisons
vous	suffisez
ils	suffisent

IMPERFECT	
je	suffisais
tu	suffisais
il	suffisait
nous	suffisions
vous	suffisiez
ils	suffisaient

IMPERATIVE
suffis
suffisons
suffisez

FUTURE	
je	suffirai
tu	suffiras
il	suffira
nous	suffirons
vous	suffirez
ils	suffiront

PRESENT PARTICIPLE
suffisant

PAST PARTICIPLE
suffi

CONDITIONAL	
je	suffirais
tu	suffirais
il	suffirait
nous	suffirions
vous	suffiriez
ils	suffiraient

suffire to be enough

PAST HISTORIC	
je	suffis
tu	suffis
il	suffit
nous	suffîmes
vous	suffîtes
ils	suffirent

PRESENT SUBJUNCTIVE	
je	suffise
tu	suffises
il	suffise
nous	suffisions
vous	suffisiez
ils	suffisent

PERFECT	
j'	ai suffi
tu	as suffi
il	a suffi
nous	avons suffi
vous	avez suffi
ils	ont suffi

PAST SUBJUNCTIVE	
je	suffisse
tu	suffisses
il	suffît
nous	suffissions
vous	suffissiez
ils	suffissent

·············· CONSTRUCTIONS ··············

suffire à or **pour faire** to be sufficient or enough to do
suffire à qn to be enough for sb
(ça) suffit! that's enough!, that will do!
il suffit de 2 heures pour y aller 2 hours is enough to get there

98 suivre to follow

PRESENT

je	suis
tu	suis
il	suit
nous	suivons
vous	suivez
ils	suivent

IMPERFECT

je	suivais
tu	suivais
il	suivait
nous	suivions
vous	suiviez
ils	suivaient

IMPERATIVE

suis
suivons
suivez

FUTURE

je	suivrai
tu	suivras
il	suivra
nous	suivrons
vous	suivrez
ils	suivront

PRESENT PARTICIPLE

suivant

PAST PARTICIPLE

suivi

CONDITIONAL

je	suivrais
tu	suivrais
il	suivrait
nous	suivrions
vous	suivriez
ils	suivraient

suivre to follow

PAST HISTORIC	
je	suivis
tu	suivis
il	suivit
nous	suivîmes
vous	suivîtes
ils	suivirent

PRESENT SUBJUNCTIVE	
je	suive
tu	suives
il	suive
nous	suivions
vous	suiviez
ils	suivent

PERFECT	
j'	ai suivi
tu	as suivi
il	a suivi
nous	avons suivi
vous	avez suivi
ils	ont suivi

PAST SUBJUNCTIVE	
je	suivisse
tu	suivisses
il	suivît
nous	suivissions
vous	suivissiez
ils	suivissent

.... CONSTRUCTIONS ....

suivre un régime to be on a diet
suivre une classe to attend a class
faire suivre son courrier to have one's mail forwarded

.... SIMILAR VERBS ....

poursuivre to pursue

surseoir **to defer**

PRESENT		IMPERFECT	
je	sursois	je	sursoyais
tu	sursois	tu	sursoyais
il	sursoit	il	sursoyait
nous	sursoyons	nous	sursoyions
vous	sursoyez	vous	sursoyiez
ils	sursoient	ils	sursoyaient

IMPERATIVE	FUTURE	
sursois	je	surseoirai
sursoyons	tu	surseoiras
sursoyez	il	surseoira
	nous	surseoirons
	vous	surseoirez
	ils	surseoiront

PRESENT PARTICIPLE

sursoyant

PAST PARTICIPLE

sursis

CONDITIONAL	
je	surseoirais
tu	surseoirais
il	surseoirait
nous	surseoirions
vous	surseoiriez
ils	surseoiraient

surseoir to defer

PAST HISTORIC	
je	sursis
tu	sursis
il	sursit
nous	sursîmes
vous	sursîtes
ils	sursirent

PRESENT SUBJUNCTIVE	
je	sursoie
tu	sursoies
il	sursoie
nous	sursoyions
vous	sursoyiez
ils	sursoient

PERFECT	
j'	ai sursis
tu	as sursis
il	a sursis
nous	avons sursis
vous	avez sursis
ils	ont sursis

PAST SUBJUNCTIVE	
je	sursisse
tu	sursisses
il	sursît
nous	sursissions
vous	sursissiez
ils	sursissent

.... CONSTRUCTIONS ....

surseoir à qch to defer *or* postpone sth

100 · *se taire* to stop talking

PRESENT	
je	me tais
tu	te tais
il	se tait
nous	nous taisons
vous	vous taisez
ils	se taisent

IMPERFECT	
je	me taisais
tu	te taisais
il	se taisait
nous	nous taisions
vous	vous taisiez
ils	se taisaient

IMPERATIVE
tais-toi
taisons-nous
taisez-vous

FUTURE	
je	me tairai
tu	te tairas
il	se taira
nous	nous tairons
vous	vous tairez
ils	se tairont

PRESENT PARTICIPLE
se taisant

PAST PARTICIPLE
tu

CONDITIONAL	
je	me tairais
tu	te tairais
il	se tairait
nous	nous tairions
vous	vous tairiez
ils	se tairaient

se taire to stop talking

PAST HISTORIC	
je	me tus
tu	te tus
il	se tut
nous	nous tûmes
vous	vous tûtes
ils	se turent

PRESENT SUBJUNCTIVE	
je	me taise
tu	te taises
il	se taise
nous	nous taisions
vous	vous taisiez
ils	se taisent

PERFECT	
je	me suis tu
tu	t'es tu
il	s'est tu
nous	nous sommes tus
vous	vous êtes tu(s)
ils	se sont tus

PAST SUBJUNCTIVE	
je	me tusse
tu	te tusses
il	se tût
nous	nous tussions
vous	vous tussiez
ils	se tussent

.... CONSTRUCTIONS ....

ils se sont tus they stopped talking
taisez-vous! be quiet!
se taire sur qch to keep quiet about sth

tenir **to hold**

PRESENT	
je	tiens
tu	tiens
il	tient
nous	tenons
vous	tenez
ils	tiennent

IMPERFECT	
je	tenais
tu	tenais
il	tenait
nous	tenions
vous	teniez
ils	tenaient

IMPERATIVE
tiens
tenons
tenez

FUTURE	
je	tiendrai
tu	tiendras
il	tiendra
nous	tiendrons
vous	tiendrez
ils	tiendront

PRESENT PARTICIPLE
tenant

PAST PARTICIPLE
tenu

CONDITIONAL	
je	tiendrais
tu	tiendrais
il	tiendrait
nous	tiendrions
vous	tiendriez
ils	tiendraient

PAST HISTORIC	
je	tins
tu	tins
il	tint
nous	tînmes
vous	tîntes
ils	tinrent

PRESENT SUBJUNCTIVE	
je	tienne
tu	tiennes
il	tienne
nous	tenions
vous	teniez
ils	tiennent

PERFECT	
j'	ai tenu
tu	as tenu
il	a tenu
nous	avons tenu
vous	avez tenu
ils	ont tenu

PAST SUBJUNCTIVE	
je	tinsse
tu	tinsses
il	tînt
nous	tinssions
vous	tinssiez
ils	tinssent

.... CONSTRUCTIONS ....

tenir à to be attached to; to care about
tenir à faire to be keen to do
il ne tient qu'à vous de décider it's up to you to decide
se tenir to stand; to take place
être tenu de faire to be obliged to do

.... SIMILAR VERBS ....

appartenir to belong   contenir to contain
entretenir to maintain   soutenir to support

PRESENT	IMPERFECT
je tombe	je tombais
tu tombes	tu tombais
il tombe	il tombait
nous tombons	nous tombions
vous tombez	vous tombiez
ils tombent	ils tombaient

IMPERATIVE	FUTURE
tombe	je tomberai
tombons	tu tomberas
tombez	il tombera
	nous tomberons
	vous tomberez
	ils tomberont

PRESENT PARTICIPLE

tombant

PAST PARTICIPLE

tombé

CONDITIONAL
je tomberais
tu tomberais
il tomberait
nous tomberions
vous tomberiez
ils tomberaient

tomber to fall

PAST HISTORIC	
je	tombai
tu	tombas
il	tomba
nous	tombâmes
vous	tombâtes
ils	tombèrent

PRESENT SUBJUNCTIVE	
je	tombe
tu	tombes
il	tombe
nous	tombions
vous	tombiez
ils	tombent

PERFECT	
je	suis tombé
tu	es tombé
il	est tombé
nous	sommes tombés
vous	êtes tombé(s)
ils	sont tombés

PAST SUBJUNCTIVE	
je	tombasse
tu	tombasses
il	tombât
nous	tombassions
vous	tombassiez
ils	tombassent

············· CONSTRUCTIONS ···············

tomber de bicyclette/cheval to fall off one's bicycle/horse
laisser tomber qch to drop sth
faire tomber to knock over; to knock down
tomber malade/amoureux to fall ill/in love
tomber sur to come across

············· SIMILAR VERBS ···············

retomber to fall back

traduire **to translate**

PRESENT

je	traduis
tu	traduis
il	traduit
nous	traduisons
vous	traduisez
ils	traduisent

IMPERFECT

je	traduisais
tu	traduisais
il	traduisait
nous	traduisions
vous	traduisiez
ils	traduisaient

IMPERATIVE

traduis
traduisons
traduisez

FUTURE

je	traduirai
tu	traduiras
il	traduira
nous	traduirons
vous	traduirez
ils	traduiront

PRESENT PARTICIPLE

traduisant

PAST PARTICIPLE

traduit

CONDITIONAL

je	traduirais
tu	traduirais
il	traduirait
nous	traduirions
vous	traduiriez
ils	traduiraient

traduire to translate

<table>
<tr><td colspan="2">PAST HISTORIC</td><td colspan="2">PRESENT SUBJUNCTIVE</td></tr>
<tr><td>je</td><td>traduisis</td><td>je</td><td>traduise</td></tr>
<tr><td>tu</td><td>traduisis</td><td>tu</td><td>traduises</td></tr>
<tr><td>il</td><td>traduisit</td><td>il</td><td>traduise</td></tr>
<tr><td>nous</td><td>traduisîmes</td><td>nous</td><td>traduisions</td></tr>
<tr><td>vous</td><td>traduisîtes</td><td>vous</td><td>traduisiez</td></tr>
<tr><td>ils</td><td>traduisirent</td><td>ils</td><td>traduisent</td></tr>
</table>

<table>
<tr><td colspan="2">PERFECT</td><td colspan="2">PAST SUBJUNCTIVE</td></tr>
<tr><td>j'</td><td>ai traduit</td><td>je</td><td>traduisisse</td></tr>
<tr><td>tu</td><td>as traduit</td><td>tu</td><td>traduisisses</td></tr>
<tr><td>il</td><td>a traduit</td><td>il</td><td>traduisît</td></tr>
<tr><td>nous</td><td>avons traduit</td><td>nous</td><td>traduisissions</td></tr>
<tr><td>vous</td><td>avez traduit</td><td>vous</td><td>traduisissiez</td></tr>
<tr><td>ils</td><td>ont traduit</td><td>ils</td><td>traduisissent</td></tr>
</table>

CONSTRUCTIONS

traduit en/du français translated into/from French

traire to milk

PRESENT		IMPERFECT	
je	trais	je	trayais
tu	trais	tu	trayais
il	trait	il	trayait
nous	trayons	nous	trayions
vous	trayez	vous	trayiez
ils	traient	ils	trayaient

IMPERATIVE	FUTURE	
trais	je	trairai
trayons	tu	trairas
trayez	il	traira
	nous	trairons
	vous	trairez
	ils	trairont

PRESENT PARTICIPLE	CONDITIONAL	
trayant	je	trairais
	tu	trairais
PAST PARTICIPLE	il	trairait
trait	nous	trairions
	vous	trairiez
	ils	trairaient

traire to milk

PAST HISTORIC

not used

PRESENT SUBJUNCTIVE

je	traie
tu	traies
il	traie
nous	trayions
vous	trayiez
ils	traient

PERFECT

j'	ai trait
tu	as trait
il	a trait
nous	avons trait
vous	avez trait
ils	ont trait

PAST SUBJUNCTIVE

not used

·········· SIMILAR VERBS ··········

distraire to distract   extraire to extract   soustraire to subtract

vaincre to defeat

PRESENT	
je	vaincs
tu	vaincs
il	vainc
nous	vainquons
vous	vainquez
ils	vainquent

IMPERFECT	
je	vainquais
tu	vainquais
il	vainquait
nous	vainquions
vous	vainquiez
ils	vainquaient

IMPERATIVE
vaincs
vainquons
vainquez

FUTURE	
je	vaincrai
tu	vaincras
il	vaincra
nous	vaincrons
vous	vaincrez
ils	vaincront

PRESENT PARTICIPLE
vainquant

PAST PARTICIPLE
vaincu

CONDITIONAL	
je	vaincrais
tu	vaincrais
il	vaincrait
nous	vaincrions
vous	vaincriez
ils	vaincraient

vaincre to defeat

PAST HISTORIC	
je	vainquis
tu	vainquis
il	vainquit
nous	vainquîmes
vous	vainquîtes
ils	vainquirent

PRESENT SUBJUNCTIVE	
je	vainque
tu	vainques
il	vainque
nous	vainquions
vous	vainquiez
ils	vainquent

PERFECT	
j'	ai vaincu
tu	as vaincu
il	a vaincu
nous	avons vaincu
vous	avez vaincu
ils	ont vaincu

PAST SUBJUNCTIVE	
je	vainquisse
tu	vainquisses
il	vainquît
nous	vainquissions
vous	vainquissiez
ils	vainquissent

········· *CONSTRUCTIONS* ···

s'avouer vaincu to admit defeat

········· *SIMILAR VERBS* ···

convaincre to convince

106 valoir to be worth

PRESENT	
je	vaux
tu	vaux
il	vaut
nous	valons
vous	valez
ils	valent

IMPERFECT	
je	valais
tu	valais
il	valait
nous	valions
vous	valiez
ils	valaient

IMPERATIVE
vaux
valons
valez

FUTURE	
je	vaudrai
tu	vaudras
il	vaudra
nous	vaudrons
vous	vaudrez
ils	vaudront

PRESENT PARTICIPLE
valant

PAST PARTICIPLE
valu

CONDITIONAL	
je	vaudrais
tu	vaudrais
il	vaudrait
nous	vaudrions
vous	vaudriez
ils	vaudraient

PAST HISTORIC	
je	valus
tu	valus
il	valut
nous	valûmes
vous	valûtes
ils	valurent

PRESENT SUBJUNCTIVE	
je	vaille
tu	vailles
il	vaille
nous	valions
vous	valiez
ils	vaillent

PERFECT	
j'	ai valu
tu	as valu
il	a valu
nous	avons valu
vous	avez valu
ils	ont valu

PAST SUBJUNCTIVE	
je	valusse
tu	valusses
il	valût
nous	valussions
vous	valussiez
ils	valussent

.... CONSTRUCTIONS ....

valoir cher/10 euros to be worth a lot/10 euros
cet outil ne vaut rien this tool is useless
il vaut mieux se taire it's better to say nothing
ce film vaut la peine d'être vu this film is worth seeing

(107) vendre to sell

PRESENT	
je	vends
tu	vends
il	vend
nous	vendons
vous	vendez
ils	vendent

IMPERFECT	
je	vendais
tu	vendais
il	vendait
nous	vendions
vous	vendiez
ils	vendaient

IMPERATIVE
vends
vendons
vendez

FUTURE	
je	vendrai
tu	vendras
il	vendra
nous	vendrons
vous	vendrez
ils	vendront

PRESENT PARTICIPLE
vendant

PAST PARTICIPLE
vendu

CONDITIONAL	
je	vendrais
tu	vendrais
il	vendrait
nous	vendrions
vous	vendriez
ils	vendraient

vendre to sell

PAST HISTORIC	
je	vendis
tu	vendis
il	vendit
nous	vendîmes
vous	vendîtes
ils	vendirent

PRESENT SUBJUNCTIVE	
je	vende
tu	vendes
il	vende
nous	vendions
vous	vendiez
ils	vendent

PERFECT	
j'	ai vendu
tu	as vendu
il	a vendu
nous	avons vendu
vous	avez vendu
ils	ont vendu

PAST SUBJUNCTIVE	
je	vendisse
tu	vendisses
il	vendît
nous	vendissions
vous	vendissiez
ils	vendissent

·············· CONSTRUCTIONS ··············

vendre qch à qn to sell sb sth
il me l'a vendu 10 euros he sold it to me for 10 euros
'à vendre' 'for sale'
ils se vendent à la pièce/douzaine they are sold singly/by the dozen

·············· SIMILAR VERBS ··············

défendre to defend	**dépendre** to depend	**entendre** to hear
pendre to hang	**répandre** to spread	**tendre** to stretch

108 · venir to come

<table>
<tr><td colspan="2">PRESENT</td><td colspan="2">IMPERFECT</td></tr>
<tr><td>je</td><td>viens</td><td>je</td><td>venais</td></tr>
<tr><td>tu</td><td>viens</td><td>tu</td><td>venais</td></tr>
<tr><td>il</td><td>vient</td><td>il</td><td>venait</td></tr>
<tr><td>nous</td><td>venons</td><td>nous</td><td>venions</td></tr>
<tr><td>vous</td><td>venez</td><td>vous</td><td>veniez</td></tr>
<tr><td>ils</td><td>viennent</td><td>ils</td><td>venaient</td></tr>
</table>

IMPERATIVE

viens
venons
venez

FUTURE

je	viendrai
tu	viendras
il	viendra
nous	viendrons
vous	viendrez
ils	viendront

PRESENT PARTICIPLE

venant

PAST PARTICIPLE

venu

CONDITIONAL

je	viendrais
tu	viendrais
il	viendrait
nous	viendrions
vous	viendriez
ils	viendraient

venir to come

PAST HISTORIC		PRESENT SUBJUNCTIVE
je vins		**je** vienne
tu vins		**tu** viennes
il vint		**il** vienne
nous vînmes		**nous** venions
vous vîntes		**vous** veniez
ils vinrent		**ils** viennent

PERFECT		PAST SUBJUNCTIVE
je suis venu		**je** vinsse
tu es venu		**tu** vinsses
il est venu		**il** vînt
nous sommes venus		**nous** vinssions
vous êtes venu(s)		**vous** vinssiez
ils sont venus		**ils** vinssent

.... CONSTRUCTIONS ....

venir de Paris to come from Paris
faire venir qn to call or send for sb
venir de faire qch to have just done sth
en venir à faire qch to be reduced to doing sth

.... SIMILAR VERBS ....

intervenir to intervene   parvenir to succeed   survenir to occur

109   vêtir to dress

PRESENT

je	vêts
tu	vêts
il	vêt
nous	vêtons
vous	vêtez
ils	vêtent

IMPERFECT

je	vêtais
tu	vêtais
il	vêtait
nous	vêtions
vous	vêtiez
ils	vêtaient

IMPERATIVE

vêts
vêtons
vêtez

FUTURE

je	vêtirai
tu	vêtiras
il	vêtira
nous	vêtirons
vous	vêtirez
ils	vêtiront

PRESENT PARTICIPLE

vêtant

PAST PARTICIPLE

vêtu

CONDITIONAL

je	vêtirais
tu	vêtirais
il	vêtirait
nous	vêtirions
vous	vêtiriez
ils	vêtiraient

vêtir to dress

PAST HISTORIC	
je	vêtis
tu	vêtis
il	vêtit
nous	vêtîmes
vous	vêtîtes
ils	vêtirent

PRESENT SUBJUNCTIVE	
je	vête
tu	vêtes
il	vête
nous	vêtions
vous	vêtiez
ils	vêtent

PERFECT	
j'	ai vêtu
tu	as vêtu
il	a vêtu
nous	avons vêtu
vous	avez vêtu
ils	ont vêtu

PAST SUBJUNCTIVE	
je	vêtisse
tu	vêtisses
il	vêtît
nous	vêtissions
vous	vêtissiez
ils	vêtissent

.... CONSTRUCTIONS ....

vêtu d'un pantalon et d'un chandail wearing trousers and a sweater
se vêtir to dress

.... SIMILAR VERBS ....

revêtir to put on

110 vivre to live

PRESENT	
je	vis
tu	vis
il	vit
nous	vivons
vous	vivez
ils	vivent

IMPERFECT	
je	vivais
tu	vivais
il	vivait
nous	vivions
vous	viviez
ils	vivaient

IMPERATIVE
vis
vivons
vivez

FUTURE	
je	vivrai
tu	vivras
il	vivra
nous	vivrons
vous	vivrez
ils	vivront

PRESENT PARTICIPLE
vivant

PAST PARTICIPLE
vécu

CONDITIONAL	
je	vivrais
tu	vivrais
il	vivrait
nous	vivrions
vous	vivriez
ils	vivraient

vivre to live

PAST HISTORIC		PRESENT SUBJUNCTIVE	
je	vécus	je	vive
tu	vécus	tu	vives
il	vécut	il	vive
nous	vécûmes	nous	vivions
vous	vécûtes	vous	viviez
ils	vécurent	ils	vivent

PERFECT		PAST SUBJUNCTIVE	
j'	ai vécu	je	vécusse
tu	as vécu	tu	vécusses
il	a vécu	il	vécût
nous	avons vécu	nous	vécussions
vous	avez vécu	vous	vécussiez
ils	ont vécu	ils	vécussent

········· CONSTRUCTIONS ·········

il vit à la campagne/en France he lives in the country/in France
vivre de rentes/légumes to live on a private income/on
vegetables
il est facile/difficile à vivre he's easy/difficult to get on with

········· SIMILAR VERBS ·········

survivre to survive

voir to see

PRESENT		IMPERFECT	
je	vois	je	voyais
tu	vois	tu	voyais
il	voit	il	voyait
nous	voyons	nous	voyions
vous	voyez	vous	voyiez
ils	voient	ils	voyaient

IMPERATIVE		FUTURE	
vois		je	verrai
voyons		tu	verras
voyez		il	verra
		nous	verrons
		vous	verrez
		ils	verront

PRESENT PARTICIPLE	CONDITIONAL	
voyant	je	verrais
	tu	verrais

PAST PARTICIPLE		
vu	il	verrait
	nous	verrions
	vous	verriez
	ils	verraient

PAST HISTORIC	
je	vis
tu	vis
il	vit
nous	vîmes
vous	vîtes
ils	virent

PRESENT SUBJUNCTIVE	
je	voie
tu	voies
il	voie
nous	voyions
vous	voyiez
ils	voient

PERFECT	
j'	ai vu
tu	as vu
il	a vu
nous	avons vu
vous	avez vu
ils	ont vu

PAST SUBJUNCTIVE	
je	visse
tu	visses
il	vît
nous	vissions
vous	vissiez
ils	vissent

.... CONSTRUCTIONS ....

aller voir qn to go and see sb
faire voir qch to show sth
on verra bien we'll soon see
ça n'a rien à voir avec notre problème it's got nothing to do with our problem
voyons! come now!

.... SIMILAR VERBS ....

entrevoir to catch a glimpse of   revoir to revise

vouloir to want

PRESENT

je	veux
tu	veux
il	veut
nous	voulons
vous	voulez
ils	veulent

IMPERFECT

je	voulais
tu	voulais
il	voulait
nous	voulions
vous	vouliez
ils	voulaient

IMPERATIVE

veuille
veuillons
veuillez

FUTURE

je	voudrai
tu	voudras
il	voudra
nous	voudrons
vous	voudrez
ils	voudront

PRESENT PARTICIPLE

voulant

PAST PARTICIPLE

voulu

CONDITIONAL

je	voudrais
tu	voudrais
il	voudrait
nous	voudrions
vous	voudriez
ils	voudraient

vouloir to want

PAST HISTORIC	
je	voulus
tu	voulus
il	voulut
nous	voulûmes
vous	voulûtes
ils	voulurent

PRESENT SUBJUNCTIVE	
je	veuille
tu	veuilles
il	veuille
nous	voulions
vous	vouliez
ils	veuillent

PERFECT	
j'	ai voulu
tu	as voulu
il	a voulu
nous	avons voulu
vous	avez voulu
ils	ont voulu

PAST SUBJUNCTIVE	
je	voulusse
tu	voulusses
il	voulût
nous	voulussions
vous	voulussiez
ils	voulussent

.... CONSTRUCTIONS ....

vouloir faire qch to want to do sth
je veux bien le faire I'm happy to do it; I don't mind doing it
en vouloir à qn to have something against sb
vouloir dire to mean

INDEX

(a) Each verb is numerically cross-referred to one of the 112 verb models shown in bold type. Defective verbs, however, are cross-referred to page 13.

(b) All entries are arranged in alphabetical order; for alphabetisation purposes, pronouns are not included: s'asseoir, se taire etc appear as asseoir (s'), taire (se) etc.

(c) With the exception of those verbs which are individually marked (see note (d)), and of Reflexive and Reciprocal verbs which are always conjugated with être, a verb's auxiliary is that of its verb model.

(d) Superior numbers refer you to notes on page 256, which outline how the verb deviates from its verb model.

(e) An asterisk (*) indicates that the verb is conjugated with être when intransitive and avoir when transitive.

abaisser	36	accuser	36	aider	36
abandonner	36	acharner (s')	36	aigrir	45
abattre	11	acheminer	36	aiguiser	36
abêtir	45	**acheter**	1	aimanter	36
abîmer	36	achever	52	aimer	36
abolir	45	**acquérir**	2	ajouter	36
abonder	36	actionner	36	ajuster	36
abonner	36	activer	36	alarmer	36
aborder	36	adapter	36	alerter	36
aboutir	45	additionner	36	alimenter	36
aboyer	63	adhérer	41	allécher	41
abréger	80	adjoindre	51	alléger	80
abreuver	36	admettre	56	alléguer	41
abriter	36	admirer	36	**aller**	3
abrutir	45	adopter	36	allier	25
absenter (s')	36	adorer	36	allumer	36
absorber	36	adosser	36	altérer	41
absoudre[4]	85	adoucir	45	alterner	36
abstenir (s')	101	adresser	36	alunir	45
abstraire	104	advenir[3]	108	amaigrir	45
abuser	36	aérer	41	ambitionner	36
accabler	36	affaiblir	45	améliorer	36
accaparer	36	affairer (s')	36	aménager	54
accéder	41	affaisser (s')	36	amener	52
accélérer	41	affamer	36	ameuter	36
accepter	36	affermir	45	amincir	45
accompagner	36	afficher	36	amoindrir	45
accomplir	45	affirmer	36	amollir	45
accorder	36	affliger	54	amonceler	4
accoter	36	affoler	36	amorcer	15
accoucher	36	affranchir	45	amplifier	25
accouder (s')	36	affréter	41	amputer	36
accourir[5]	21	affronter	36	amuser	36
accoutumer	36	agacer	15	analyser	36
accrocher	36	agenouiller (s')	36	anéantir	45
accroire	page 13	agir	45	angoisser	36
accroître[6]	27	agiter	36	animer	36
accroupir (s')	45	agrandir	45	annexer	36
accueillir	28	agréer	24	annoncer	15
accumuler	36	ahurir	45	annoter	36

annuler	36	assagir	45	avancer	15
anoblir	45	assaillir	7	avantager	54
anticiper	36	assainir	45	aventurer	36
apaiser	36	assassiner	36	avertir	45
apercevoir	81	assembler	36	aveugler	36
apitoyer	63	assener	52	avilir	45
aplatir	45	asseoir (s')	8	aviser	36
apparaître[2]	67	asservir	45	aviver	36
appareiller	36	assiéger	80	avoir	10
apparenter	36	assigner	36	avouer	36
apparier	25	assimiler	36	bâcler	36
apparoir	page 13	assister	36	bafouer	36
appartenir	101	associer	25	bagarrer (se)	36
appauvrir	45	assombrir	45	baigner	36
appeler	4	assommer	36	bâiller	36
applaudir	45	assortir	45	baiser	36
appliquer	36	assoupir	45	baisser	36
apporter	36	assouplir	45	balader (se)	36
apprécier	25	assourdir	45	balafrer	36
apprendre	5	assujettir	45	balancer	15
apprêter	36	assumer	36	balayer	70
apprivoiser	36	assurer	36	balbutier	25
approcher	36	astiquer	36	baliser	36
approfondir	45	astreindre	71	bannir	45
approprier	25	atermoyer	63	baptiser	36
approuver	36	attabler (s')	36	baratiner	36
appuyer	63	attacher	36	barbouiller	36
arc-bouter	36	attaquer	36	barioler	36
argenter	36	atteindre	71	barrer	36
arguer	36	atteler	4	barricader	36
armer	36	attendre	9	basculer	36
arpenter	36	attendrir	45	baser	36
arracher	36	atterrir	45	batailler	36
arranger	54	attirer	36	batifoler	36
arrêter	36	attraper	36	bâtir	45
arriver	6	attribuer	36	battre	11
arrondir	45	augmenter	36	bavarder	36
arroser	36	autoriser	36	baver	36
asphyxier	25	avachir (s')	45	bêcher	36
aspirer	36	avaler	36	becqueter	50

béer	*page 13*	bousiller	36	capturer	36
bégayer	70	boutonner	36	caractériser	36
bêler	36	braconner	36	caresser	36
bénéficier	25	brailler	36	caricaturer	36
bénir	45	braire[7]	104	caser	36
bercer	15	brancher	36	casser	36
berner	36	brandir	45	cataloguer	36
beugler	36	branler	36	catapulter	36
beurrer	36	braquer	36	causer	36
biaiser	36	braver	36	céder	41
bichonner	36	bredouiller	36	ceindre	71
biffer	36	breveter	30	célébrer	41
blaguer	36	bricoler	36	celer	1
blâmer	36	brider	36	censurer	36
blanchir	45	briguer	36	cercler	36
blaser	36	briller	36	certifier	25
blêmir	45	brimer	36	cesser	36
blesser	36	briser	36	chagriner	36
bloquer	36	broder	36	chahuter	36
blottir (se)	45	broncher	36	chamailler	36
boire	12	brosser	36	chanceler	4
boiter	36	brouiller	36	changer	54
bombarder	36	broyer	63	chanter	36
bondir	45	brûler	36	chantonner	36
bonifier	25	brunir	45	charger	54
border	36	buter	36	charmer	36
borner	36	cabrer (se)	36	charrier	25
boucher	36	cacher	36	chasser	36
boucler	36	cadrer	36	châtier	25
bouder	36	cajoler	36	chatouiller	36
bouffer	36	calculer	36	chauffer	36
bouffir	45	caler	36	chausser	36
bouger	54	câliner	36	chercher	36
bouillir	13	calmer	36	chérir	45
bouleverser	36	calomnier	25	chiffrer	36
boulonner	36	calquer	36	choir	*page 13*
bourdonner	36	camper	36	choisir	45
bourrer	36	capituler	36	chômer	36
boursoufler	36	capter	36	choquer	36
bousculer	36	captiver	36	choyer	63

chuchoter	36	complimenter	36	constater	36
circoncire[8]	97	compliquer	36	consterner	36
circonscrire	38	comporter	36	constituer	36
circonvenir[1]	108	composer	36	construire	29
circuler	36	composter	36	consulter	36
cirer	36	**comprendre**	16	contacter	36
ciseler	1	compromettre	79	contaminer	36
citer	36	compter	36	contempler	36
clarifier	25	concéder	41	contenir	101
classer	36	concentrer	36	contenter	36
classifier	25	concerner	36	conter	36
cligner	36	concevoir	81	contester	36
clignoter	36	concilier	25	continuer	36
clore	14	**conclure**	17	contraindre	23
clouer	36	concourir	21	contrarier	25
coder	36	concurrencer	15	contraster	36
codifier	25	condamner	36	contredire	48
cogner	36	condenser	36	contrefaire	43
coiffer	36	condescendre[1]	31	contrevenir[1]	108
coincer	15	**conduire**	18	contribuer	36
coïncider	36	conférer	41	contrôler	36
collaborer	36	confier	25	convaincre	105
collectionner	36	confire[9]	97	convenir[1]	108
coller	36	confirmer	36	convertir	45
coloniser	36	confisquer	36	convier	25
colorer	36	confondre	84	convoquer	36
colorier	25	conforter	36	coopérer	41
combattre	11	congédier	25	copier	25
combler	36	congeler	1	correspondre	84
commander	36	**connaître**	19	corriger	54
commémorer	36	conquérir	2	corrompre	90
commencer	15	consacrer	36	corroyer	63
commettre	56	conseiller	36	côtoyer	63
communier	25	consentir	92	coucher	36
communiquer	36	considérer	41	**coudre**	20
comparaître	67	consister	36	couler	36
comparer	36	consoler	36	couper	36
compenser	36	consolider	36	courber	36
complaire	74	consommer	36	**courir**	21
compléter	41	conspirer	36	coûter	36

couvrir	22	déboutonner	36	décourager	54
cracher	36	débrailler (se)	36	découvrir	30
craindre	23	débrancher	36	décréter	41
craquer	36	débrayer	70	décrier	25
créer	24	débrouiller	36	décrire	38
crépir	45	débuter	36	décrocher	36
creuser	36	décaler	36	décroître[10]	27
crever	52	décanter	36	dédaigner	36
cribler	36	décaper	36	dédicacer	15
crier	25	décapoter	36	dédier	25
critiquer	36	décéder[2]	41	dédire	48
crocheter	1	déceler	1	dédommager	54
croire	26	décélérer	41	dédouaner	36
croiser	36	décentraliser	36	dédoubler	36
croître	27	décerner	36	déduire	29
crouler	36	décevoir	81	défaillir[11]	7
croupir	45	déchaîner	36	défaire	43
crucifier	25	décharger	54	défalquer	36
cueillir	28	déchiffrer	36	défavoriser	36
cuire	29	déchiqueter	50	défendre	107
culbuter	36	déchirer	36	déférer	41
cultiver	36	déchoir _page 13_		déficeler	4
cumuler	36	décider	36	défier	25
curer	36	décimer	36	défigurer	36
daigner	36	déclamer	36	défiler	36
damner	36	déclarer	36	définir	45
danser	36	déclasser	36	défoncer	15
dater	36	déclencher	36	déformer	36
débarquer	36	décliner	36	défraîchir	45
débarrasser	36	décoder	36	dégager	54
débattre	11	décolérer	41	dégainer	36
débaucher	36	décoller	36	dégauchir	45
débiliter	36	décommander	36	dégazonner	36
débiter	36	déconcerter	36	dégeler	1
déblatérer	41	déconseiller	36	dégénérer	41
débloquer	36	décontracter	36	dégonfler	36
déboîter	36	décorer	36	dégourdir	45
déborder	36	découdre	20	dégoûter	36
déboucher	36	découler	36	dégrader	36
débourser	36	découper	36	dégringoler	36

dégriser	36	départager	54	désennuyer	63
déguerpir	45	départir (se)	68	désensibiliser	36
déguiser	36	dépasser	69	désentraver	36
déguster	36	dépayser	36	déséquilibrer	36
déjeter	50	dépecer	52	déserter	36
déjeuner	36	dépêcher	36	désespérer	41
déjouer	36	dépeindre	71	déshabiller	36
délaisser	36	dépendre	107	déshabituer	36
délayer	70	dépenser	36	déshériter	36
déléguer	41	dépérir	45	désigner	36
délibérer	41	dépister	36	désinfecter	36
délier	25	déplacer	15	désintégrer	41
délirer	36	déplaire	74	désintéresser	36
délivrer	36	déplier	25	désintoxiquer	36
déloger	54	déployer	63	désirer	36
demander	36	dépolir	45	désister (se)	36
démanteler	1	déposer	36	désobéir	45
démarquer	36	dépouiller	36	désoler	36
démarrer	36	dépoussiérer	41	désorganiser	36
démêler	36	déprécier	25	désorienter	36
déménager	54	déprendre	78	dessaisir	45
démener (se)	52	déprimer	36	dessécher	41
démentir	92	déraciner	36	desserrer	36
démettre	56	déranger	54	dessiner	36
demeurer[12]	36	déraper	36	destiner	36
démissionner	36	dérégler	41	destituer	36
démolir	45	déroger	54	désunir	45
démonter	157	dérouler	36	détacher	36
démontrer	36	dérouter	36	détailler	36
démultiplier	25	désaccoutumer	36	détecter	36
démunir	45	désagréger	80	déteindre	71
dénaturer	36	désaltérer	41	dételer	4
dénier	25	désamorcer	15	détendre	107
dénigrer	36	désapprendre	5	détenir	101
déniveler	4	désapprouver	36	détériorer	36
dénombrer	36	désassortir	45	déterminer	36
dénoncer	15	désavantager	54	détester	36
dénouer	36	désavouer	36	détordre	58
dépanner	36	descendre*	31	détourner	36
dépaqueter	50	désemparer	36	détraquer	36

détromper	36	distribuer	36	écrire	38
détruire	32	diversifier	25	écrouler (s')	36
dévaler	36	diviser	36	édifier	25
devancer	15	divorcer	15	éditer	36
développer	36	donner	36	éduquer	36
devenir	33	dormir	37	effacer	15
déverser	36	doubler	36	effarer	36
dévêtir	109	douter	36	effaroucher	36
dévier	25	dresser	36	effectuer	36
deviner	36	durcir	45	effeuiller	36
dévisser	36	durer	36	effondrer	36
dévoiler	36	ébahir (s')	45	efforcer (s')	15
devoir	34	ébattre (s')	11	effrayer	70
dévorer	36	ébaucher	36	égaler	36
dévouer	36	éblouir	45	égarer	36
dicter	36	ébranler	36	égayer	70
différer	41	écarteler	1	égorger	54
diffuser	36	écarter	36	élaborer	36
digérer	41	échanger	54	élancer (s')	15
diluer	36	échapper	36	élargir	45
diminuer	36	échauder	36	électrifier	25
dîner	36	échauffer	36	élever	52
dire	35	échelonner	36	éliminer	36
diriger	54	échoir	*page 13*	élire	53
disconvenir	108	échouer	36	éloigner	36
discourir	21	éclabousser	36	éluder	36
discriminer	36	éclaircir	45	émanciper	36
discuter	36	éclairer	36	émaner	36
disjoindre	51	éclater	36	embarrasser	36
disparaître	67	éclipser	36	embaucher	36
dispenser	36	éclore[14]	14	embellir	45
disperser	36	écœurer	36	emboîter	36
disposer	36	éconduire	18	embourgeoiser (s')	36
disputer	36	économiser	36	embrasser	36
dissocier	25	écorcher	36	émerger	54
dissoudre[13]	85	écouler	36	émettre	56
distendre	107	écouter	36	émigrer	36
distinguer	36	écraser	36	emménager	54
distordre	58	écrémer	41	emmener	52
distraire	104	écrier (s')	25		

émouvoir[15]	61	enjoliver	36	épater	36
emparer (s')	36	enlacer	15	épeler	4
empêcher	36	enlever	52	éplucher	36
empiéter	41	enneiger	54	éponger	94
empirer	36	ennuyer	63	épouser	36
emplir	45	énoncer	15	épouvanter	36
employer	63	enquérir (s')	2	épreindre	71
empoisonner	36	enquêter	36	éprendre (s')	78
emporter	36	enraciner	36	éprouver	36
emprisonner	36	enrager	54	épuiser	36
emprunter	36	enregistrer	36	équilibrer	36
encadrer	36	enrichir	45	équiper	36
encaisser	36	enrouler	36	équivaloir	106
enchaîner	36	enseigner	36	esclaffer (s')	36
enchanter	36	ensevelir	45	escorter	36
encombrer	36	ensuivre (s')[3]	98	espérer	41
encourager	54	entamer	36	esquisser	36
encourir	21	entasser	36	esquiver	36
endetter	36	entendre	107	essayer	70
endoctriner	36	enterrer	36	essorer	36
endommager	54	enthousiasmer	36	essouffler	36
endormir (s')	37	entourer	36	essuyer	63
enduire	29	entraîner	36	estimer	36
endurcir	45	entraver	36	estropier	25
énerver	36	entrelacer	36	établir	45
enfanter	36	entremettre (s')	56	étaler	36
enfermer	36	entreprendre	78	étayer	70
enfiler	36	entrer*	39	éteindre	71
enflammer	36	entretenir	101	étendre	107
enfler	36	entrevoir	111	éternuer	36
enfoncer	15	énumérer	41	étiqueter	50
enfouir	45	envahir	45	étirer	36
enfreindre	71	envelopper	36	étoffer	36
enfuir (s')	46	envisager	54	étonner	36
engager	54	envoler (s')	36	étouffer	36
engloutir	45	envoyer	40	étourdir	45
engourdir	45	épandre	107	étrangler	36
engraisser	36	épanouir	45	être	42
engueuler	36	épargner	36	étreindre	71
enivrer	36	éparpiller	36	étudier	25

évader (s')	36	exterminer	36	flairer	36
évaluer	36	extraire	104	flamber	36
évanouir (s')	45	exulter	36	flâner	36
évaporer	36	fabriquer	36	flanquer	36
éveiller	36	fâcher	36	flatter	36
éventer	36	faciliter	36	fléchir	45
évertuer (s')	36	façonner	36	flétrir	45
éviter	36	facturer	36	fleurir[16]	45
évoluer	36	faillir	*page 13*	flotter	36
évoquer	36	faire	43	foisonner	36
exagérer	41	falloir	44	fomenter	36
exalter	36	falsifier	25	foncer	15
examiner	36	familiariser	36	fonctionner	36
exaspérer	41	farcir	45	fonder	36
excéder	41	fasciner	36	fondre	84
excepter	36	fatiguer	36	forcer	15
exciter	36	faucher	36	forger	54
exclamer (s')	36	faufiler	36	formaliser (se)	36
exclure	17	fausser	36	former	36
excommunier	25	favoriser	36	formuler	36
excuser	36	feindre	71	fortifier	25
exécrer	41	feinter	36	foudroyer	63
exécuter	36	fêler	36	fouetter	36
exempter	36	féliciter	36	fouiller	36
exhiber	36	fendre	107	fourmiller	36
exhorter	36	ferler	36	fournir	45
exiger	54	fermenter	36	fourrer	36
exiler	36	fermer	36	fourvoyer	63
exister	36	fêter	36	fracasser	36
exonérer	41	feuilleter	50	franchir	45
expédier	25	fiancer	15	frapper	36
expérimenter	36	ficeler	4	frayer	70
expirer	36	ficher	36	freiner	36
expliquer	36	fier	25	frémir	45
exploiter	36	figer	54	fréquenter	36
exploser	36	filer	36	frire[17]	97
exporter	36	fileter	1	friser	36
exposer	36	financer	15	frissonner	36
exprimer	36	finir	45	froisser	36
expulser	36	fixer	36	frôler	36

froncer	15	gravir	45	heurter	36
frotter	36	greffer	36	hocher	36
frustrer	36	grêler	36	honorer	36
fuir	46	griffonner	36	horrifier	25
fumer	36	grignoter	36	huer	36
fusiller	36	griller	36	humaniser	36
gâcher	36	grimacer	15	humidifier	25
gagner	36	grimper	36	humilier	25
galoper	36	grincer	15	hurler	36
garantir	45	griser	36	hypnotiser	36
garder	36	grogner	36	idéaliser	36
garer	36	grommeler	4	identifier	25
garnir	45	gronder	36	ignorer	36
gaspiller	36	grossir	45	illuminer	36
gâter	36	grouiller	36	illustrer	36
gauchir	45	grouper	36	imaginer	36
gaufrer	36	guérir	45	imiter	36
gausser (se)	36	guerroyer	63	immigrer	36
geindre	71	guetter	36	immiscer (s')	15
geler	1	guider	36	immobiliser	36
gémir	45	guinder	36	immoler	36
gêner	36	habiller	36	impatienter	36
généraliser	36	habiter	36	impliquer	36
gérer	41	habituer	36	implorer	36
gésir	page 13	hacher	36	importer	36
giboyer	63	haïr	47	impressionner	36
gifler	36	haleter	1	imprimer	36
givrer	36	handicaper	36	improviser	36
glacer	15	hanter	36	inaugurer	36
glisser	36	harceler	4	inciter	36
glorifier	25	harmoniser	36	incliner	36
gommer	36	hasarder	36	inclure[18]	17
gonfler	36	hâter	36	incommoder	36
goûter	36	hausser	36	incorporer	36
gouverner	36	héberger	54	incriminer	36
gracier	25	hébéter	41	inculper	36
grandir	45	hennir	45	indiquer	36
gratifier	25	hérisser	36	induire	29
gratter	36	hériter	36	infecter	36
graver	36	hésiter	36	infester	36

infirmer	36	invoquer	36	lorgner	36
infliger	54	irriter	36	lotir	45
influencer	15	isoler	36	loucher	36
informer	36	jaillir	45	louer	36
ingénier (s')	25	jaser	36	louper	36
inhaler	36	jaunir	45	louvoyer	63
initier	25	jeter	50	lubrifier	25
injurier	25	jeûner	36	lutter	36
innover	36	joindre	51	mâcher	36
inoculer	36	jouer	36	machiner	36
inonder	36	jouir	45	magnifier	25
inquiéter	41	juger	54	maigrir	45
inscrire	38	jumeler	4	maintenir	101
insensibiliser	36	jurer	36	maîtriser	36
insérer	41	justifier	25	majorer	36
insinuer	36	labourer	36	malfaire	43
insister	36	lacer	15	malmener	52
inspecter	36	lâcher	36	maltraiter	36
inspirer	36	laisser	36	manger	54
installer	36	lamenter (se)	36	manier	25
instituer	36	lancer	15	manifester	36
instruire	29	languir	45	manigancer	15
insulter	36	larmoyer	63	manipuler	36
insurger (s')	54	laver	36	manœuvrer	36
intégrer	41	lécher	41	manquer	36
intensifier	25	légaliser	36	manufacturer	36
intercéder	41	légiférer	41	manutentionner	36
interdire	48	lésiner	36	marcher	36
intéresser	36	lever	52	marier	25
interloquer	36	libérer	41	marquer	36
interroger	54	licencier	25	marteler	1
interrompre	90	lier	25	masquer	36
intervenir	108	ligoter	36	massacrer	36
intituler	36	limer	36	masser	36
intriguer	36	limiter	36	matérialiser	36
introduire	49	liquéfier	25	maudire	55
inventer	36	liquider	36	maugréer	24
invertir	45	lire	53	mécaniser	36
investir	45	livrer	36	méconnaître	19
inviter	36	loger	54	mécontenter	36

médire	48	mortifier	25	obliger	54
méditer	36	motiver	36	oblitérer	41
méfaire	43	moucher	36	obscurcir	45
méfier (se)	25	moudre	59	obséder	41
mélanger	54	mouiller	36	observer	36
mêler	36	mourir	60	obstiner (s')	36
menacer	15	mouvoir	61	obtenir	64
ménager	54	muer	36	occuper	36
mendier	25	multiplier	25	octroyer	63
mener	52	munir	45	offenser	36
mentionner	36	mûrir	45	offrir	65
mentir	92	murmurer	36	oindre *page 13*	
méprendre (se)	78	museler	4	omettre	56
mépriser	36	muter	36	opérer	41
mériter	36	mutiler	36	opposer	36
messeoir *page 13*		mystifier	25	opprimer	36
mesurer	36	nager	54	ordonner	36
mettre	56	naitre	62	organiser	36
meubler	36	nantir	45	orner	36
meugler	36	narrer	36	orthographier	25
meurtrir	45	naviguer	36	osciller	36
miauler	36	navrer	36	oser	36
mijoter	36	nécessiter	36	ôter	36
mimer	36	négliger	54	oublier	25
miner	36	négocier	25	ouïr *page 13*	
minimiser	36	neiger	54	outrager	54
mobiliser	36	nettoyer	63	ouvrir	66
modeler	1	nier	25	oxyder	36
modérer	41	niveler	4	pacifier	25
moderniser	36	noircir	45	paître *page 13*	
modifier	25	nommer	36	pâlir	45
moisir	45	normaliser	36	palper	36
moissonner	36	noter	36	palpiter	36
mollir	45	nouer	36	panser	36
monnayer	70	nourrir	45	parachever	52
monopoliser	36	noyer	63	parachuter	36
monter*	57	nuire[19]	29	paraître	67
montrer	36	numéroter	36	paralyser	36
moquer (se)	36	obéir	45	parcourir	21
mordre	58	objecter	36	pardonner	36

arer	36	pétrifier	25	prédire	48
arfondre	84	pétrir	45	préférer	41
arfumer	36	peupler	36	préjuger	54
arier	25	photographier	25	prélever	52
arler	36	picoter	36	préméditer	36
arquer	36	piéger	80	**prendre**	78
artager	54	piétiner	36	préparer	36
articiper	36	pincer	15	prescrire	38
artir	68	placer	15	présenter	36
arvenir	108	plaider	36	préserver	36
asser*	69	plaindre	23	présider	36
assionner	36	**plaire**	74	pressentir	92
atienter	36	plaisanter	36	présumer	36
âtir	45	planifier	25	prétendre	107
auser	36	plaquer	36	prêter	36
aver	36	pleurer	36	prévaloir[21]	106
avoiser	36	**pleuvoir**	75	prévenir[1]	108
ayer	70	plier	25	prévoir[22]	111
êcher	36	plonger	94	prier	25
●cher	41	poindre	_page 13_	priver	36
eigner	36	polir	45	privilégier	25
eindre	71	polluer	36	procéder	41
●ler	1	pomper	36	proclamer	36
●ncher	36	ponctuer	36	procréer	24
●ndre	107	pondre	84	produire	29
●nétrer	41	porter	36	profiter	36
●nser	36	poser	36	progresser	36
●rcer	15	posséder	41	projeter	50
●rcevoir	81	poster	36	prolonger	94
●rdre	72	poudroyer	63	promener	52
●rfectionner	36	pourfendre	107	**promettre**	79
●rforer	36	pourrir	45	promouvoir[23]	61
●rir	45	poursuivre	98	prononcer	15
●rmettre	73	**pourvoir**	76	proposer	36
●rsécuter	36	pousser	36	proscrire	38
●rsévérer	41	**pouvoir**[20]	77	**protéger**	80
●rsister	36	pratiquer	36	protester	36
●rsuader	36	précéder	41	prouver	36
●rvertir	45	prêcher	36	provenir	108
●ser	52	préciser	36	publier	25

punir	45	rassembler	36	recueillir	2
purifier	25	rasséréner	41	recuire	2
qualifier	25	rassurer	36	reculer	3
quereller	36	rater	36	récupérer	4
questionner	36	rationaliser	36	recycler	3
quêter	36	rattraper	36	redescendre	3
quitter	36	ravir	45	rédiger	5
rabattre	11	ravitailler	36	redire	3
raccommoder	36	réagir	45	redoubler	3
raccompagner	36	réaliser	36	redouter	3
raccorder	36	rebattre	11	redresser	3
raccourcir	45	rebondir	45	réduire	2
raccrocher	36	rebuter	36	refaire	4
racheter	1	receler	1	référer	4
racler	36	recenser	36	refermer	3
racoler	36	recevoir	81	réfléchir	4
raconter	36	réchapper	36	refléter	4
raffermir	45	réchauffer	36	refondre	8
raffiner	36	rechercher	36	réformer	3
rafler	36	réciter	36	refroidir	4
rafraîchir	45	réclamer	36	réfugier (se)	2
ragaillardir	45	récolter	36	refuser	3
raidir	45	recommander	36	réfuter	3
railler	36	recommencer	15	regagner	3
raisonner	36	récompenser	36	regaillardir	4
rajeunir	45	réconcilier	25	regarder	3
rajouter	36	reconduire	18	régénérer	4
rajuster	36	réconforter	36	régir	4
ralentir	45	reconnaître	19	régler	4
rallier	25	reconquérir	2	régner	4
rallonger	94	reconstruire	29	regretter	3
rallumer	36	reconvertir	45	regrouper	3
ramasser	36	recopier	25	réhabiliter	3
ramener	52	recoudre	20	réhabituer	3
ramollir	45	recourir	21	rehausser	3
ranimer	36	recouvrir	22	réimprimer	3
rappeler	4	récréer	24	réintégrer	4
rapporter	36	récrier (se)	25	rejaillir	4
rapprocher	36	récrire	38	rejeter	5
raser	36	rectifier	25	rejoindre	5

réjouir	45	renouveler	4	restreindre	71
relâcher	36	rénover	36	résulter	36
relancer	15	renseigner	36	résumer	36
reléguer	41	rentrer*	83	resurgir	45
relever	52	renverser	36	rétablir	45
relier	25	renvoyer	40	retaper	36
relire	53	réorganiser	36	retarder	36
reluire[24]	29	repaître	page 13	retenir	101
remanier	25	répandre	107	retirer	36
remarier	25	reparaître	67	retomber	102
remarquer	36	réparer	36	retourner*	87
rembourser	36	repartir	68	retrancher	36
remédier	25	répartir	45	retransmettre	56
remercier	25	repeindre	71	rétrécir	45
remettre	56	rependre	107	retrousser	36
remmener	52	repentir (se)	92	retrouver	36
remonter	57	reperdre	72	réunir	45
remontrer	36	répéter	41	réussir	45
remordre	58	répondre	84	revaloir	106
remorquer	36	repousser	36	réveiller	36
remoud're	59	reprendre	78	révéler	41
remplacer	15	représenter	36	revendiquer	36
remplir	45	reproduire	29	revendre	107
remployer	63	répudier	25	revenir	88
remporter	36	requérir	2	rêver	36
remuer	36	réserver	36	révérer	41
renaître[25]	62	résider	36	revêtir	109
renchérir	45	résigner	36	réviser	36
rencontrer	36	résilier	25	revivre	110
rendormir	37	résister	36	revoir	111
rendre	82	résonner	36	révolter	36
renduire	29	résoudre	85	rhabiller	36
renfermer	36	respirer	36	ridiculiser	36
renfler	36	resplendir	45	rigoler	36
renforcer	15	ressaisir	45	rire	89
renier	25	ressembler	36	risquer	36
renifler	36	ressemeler	4	rivaliser	36
renommer	36	ressentir	92	rogner	36
renoncer	15	ressortir	95	rompre	90
renouer	36	rester	86	ronfler	36

ronger	94	simplifier	25	suivre	98
rôtir	45	simuler	36	supplier	25
rougir	45	soigner	36	supposer	36
rouler	36	sombrer	36	surcharger	54
rouspéter	41	sommeiller	36	surenchérir	45
rouvrir	66	songer	94	surfaire	43
ruiner	36	sonner	36	surgeler	1
saccager	54	sortir*	95	surgir	45
saisir	45	souffrir	65	surmonter[1]	57
salir	45	souhaiter	36	surpasser	69
saluer	36	souiller	36	surprendre	78
sanctifier	25	soulager	54	surseoir	99
sangloter	36	soulever	52	surveiller	36
satisfaire	43	souligner	36	survenir	108
sauter	36	soumettre	56	survivre	110
sauvegarder	36	soupçonner	36	susciter	36
sauver	36	soupeser	52	suspendre	107
savoir	91	sourire	89	tacher	36
scier	25	souscrire	38	tâcher	36
scinder	36	sous-entendre	107	tailler	36
scintiller	36	soustraire	104	taire (se)	100
sécher	41	soutenir	101	taper	36
secouer	36	souvenir (se)	96	tâter	36
secourir	21	spécialiser	36	taxer	36
séduire	29	spécifier	25	teindre	71
sembler	36	standardiser	36	teinter	36
semer	52	stationner	36	téléphoner	36
sentir	92	stériliser	36	téléviser	36
seoir	page 13	stimuler	36	témoigner	36
séparer	36	stupéfier	25	tendre	107
serrer	36	subir	45	tenir	101
sertir	45	submerger	54	tenter	36
servir	93	subsister	36	terminer	36
sévir	45	substituer	36	ternir	45
sevrer	52	subvenir[1]	108	terrasser	36
siéger	80	succéder	41	terrifier	25
siffler	36	sucer	15	téter	41
signaler	36	suer	36	tiédir	45
signer	36	suffire	97	timbrer	36
signifier	25	suggérer	41	tirer	36